JN059973

An Illustrated and
Photographic Guide to
the UK

Let's Get to Know Britain

伝統と文化から世界が見える！

イギリスを知る教科書

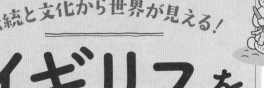

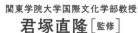

関東学院大学国際文化学部教授
君塚直隆［監修］

ナツメ社

は じ め に

イギリス。この言葉を聞いて読者のみなさんはどのようなイメージをおもちになりますか?

2022年に亡くなったエリザベス女王に象徴される王室。さらにその王室のかたがたに愛用されるクッキーからロールスロイスにいたるまでの華麗なる御用達の品々。

また、荘厳な国会議事堂で繰り広げられる議会政治。そしてその国会議員たちが身につけているおしゃれな紳士服。

庭のお手入れがお好きなかたはイングリッシュ・ガーデンを想像されるでしょうし、そのようなお庭でいただくアフタヌーン・ティーも、やはりイギリスが発祥の地ですよね。

そしてスポーツ好きのかたにとっては、サッカー、ラグビー、ゴルフなどのルールが決められ、近代化が進められた母国がまさにイギリスでしょう。

音楽好きのかたには、ビートルズなどブリティッシュ・ロックの聖地ですね。

さらに「ハリー・ポッター」シリーズや「くまのパディントン」など、近年では映画化もされているファンタジー小説や児童文学。シャーロック・ホームズやエルキュール・ポワロが活躍するミステリーの世界。これもすべてイギリスですね。

このように地理的に見れば広大なユーラ

シア大陸をはさんでちょうど反対側にあるこの日本に住む私たちにとっても、「イギリス」は多種多様なイメージをいだかせるものとなっています。

　この本は、そのイギリスがもつ魅力をすべて一冊に詰め込んで、みなさまへとお届けするものなのです。

　詰め込んでなどというと、読者のみなさんは「わかりにくい」「むずかしい」という印象をいだかれるかもしれませんが、そうではありません。

　むしろ、数多くの美しい写真や肖像画、イラストによって、イギリスの歴史、政治、経済、社会、文化のすべてをわかりやすく解説し、この国の過去、現在、そして未来をご理解いただけるように工夫された、便利な一冊となっています。

　そしていつの日か、読者のみなさまがこの本を片手に、実際にイギリスを訪れ、この本に出てくる絵画や建築物、美しい風景や、世界遺産に登録されている先人たちが残した数々の偉業を、その目で見てこられることを望んでいます。

　それではさっそく、まずは歴史を振り返ることで、21 世紀のこんにちにおいても私たち日本人を引きつけてやまない、「イギリス」という国の謎に迫っていくことにいたしましょう。

君塚直隆

Contents 目次

Chaper 1 ｜ 歴史1 **古代～中世**

Chaper 2 ｜ 歴史2
近代の夜明け

⊞ Contents 目次

✠ Contents 目次

Chaper **5**	芸術&文化		

Chaper 6 │ 生活&文化

イギリスってどんな国❓①

英国

グレートブリテン
および
北アイルランド
連合王国

United Kingdom of Great Britain
and Northern Ireland

人口 6700万人（2022年）
※日本のおよそ半分

国土面積 24.3万km²
※日本のおよそ3分の2

元首 チャールズ3世国王陛下
政体 立憲君主制
議会 二院制（上院・下院）

言語 英語、
ほかウェールズ語、
ゲール語など

宗教 イングランド
国教会など

スコットランド

北アイルランド

アイルランド

イングランド

ウェールズ

主要産業 自動車、航空機、
電気機器、エレクトロニクス、
化学、石油・ガス、金融

通貨 スターリング・ポンド（£）

見所いっぱい！

イギリスが保有する世界遺産は全33カ所（2024年3月）。建物、自然などそれ以外の見所も数知れず。

1.ビッグベン（時計台）が併設される世界遺産のウェストミンスター宮殿。2.イングランド北西部の景勝地、湖水地方のウィンダーミア。3.白亜の崖が連なるセブン・シスターズ。4.イングランド南西部コーンウォール沖合にあるセント・マイケルズ・マウント。

四季がある気候

ロンドンは北緯51～52度近辺、日本の稚内（およそ北緯45度）より北に位置するが、暖流である北大西洋海流の影響もあって気候は比較的温暖。日本のように四季があり、短い夏が観光シーズン。ヒースロー国際空港での年間降水量は633mmで、東京の1598mmの半分以下だ。

ロンドン近郊（ヒースロー国際空港）の
月別平均気温と降水量

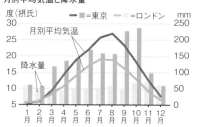

度(摂氏)　　■=東京　　■=ロンドン　　mm

月別平均気温

降水量

 イギリス国旗はユニオンジャックと呼ばれる。イングランド王国、スコットランド王国、アイルランド王国（1921年からは北アイルランドのみ）の十字旗を組み合わせた図案。

立憲君主制 の国

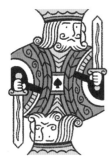

立憲君主制とは君主の権力を憲法で制限する君主制。王はいるが実質的な政治権力をもたない。

歴史的に貴族が議会により王権を制限し、その議会に庶民が加わるようになった。議会は貴族らの貴族院と庶民らの庶民院の二院となり、後者（下院）が優越するようになった。

イ ギリスは歴史上、立憲制や議会制民主主義のトップランナー。日本でも明治期にはイギリスの立憲制・議会制度をお手本に、日本の政治のありかたが検討された。

現君主 は？

左がチャールズ3世現国王、右がカミラ王妃。バッキンガム宮殿にて。

現王室 家系図

フィリップ殿下 ━━━ エリザベス2世前女王

カミラ王妃 ═══ 👑チャールズ3世 ━━━ ダイアナ元妃　　□　□　□

キャサリン皇太子妃 ═══ ① ウィリアム皇太子　　ヘンリー王子 ⑤ ═══ メーガン夫人
　　　　　　② ジョージ王子　　アーチー ⑥
　　　　　　③ シャーロット王女　　リリベット ⑦

① は王位後継順位　　④ ルイ王子

ロイヤルワラントって？

イギリス「王室御用達」のこと。王室が最高品質を認証し、その王室メンバーの紋章を表示することができる。エリザベス2世崩御により認定見直しがされるといわれている。

イギリスってどんな国❓②

United Kingdom of Great Britain
and Northern Ireland

正式名「グレートブリテン及び北アイルランド連合王国」。
行政区画はイングランド、ウェールズ、スコットランド、
北アイルランドに分かれる。

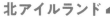

北アイルランド
Northern Ireland

人口約191万人（2022年）、
中心都市ベルファスト。第一
次大戦後にアイルランドが自
治領になると（1922年）スコッ
トランド系プロテスタントが多
かったため英国領にとどまった。

スコットランド
Scotland

人口約540万人（2022年）、
中心都市エディンバラ。イン
グランドと対立を続け14世紀
に独立を果たした。スコットラ
ンド教会は依然として国教会。
スコッチ・ウイスキーが有名。

ウェールズ
Wales

人口約313万人（2022年）、中
心都市カーディフ。1536年イング
ランドに併合され、英皇太子の称
号はプリンス・オブ・ウェールズ。
炭鉱で栄えたが現在は鉄鉱など重
工業が盛ん。

イングランド
England

人口約5711万人（2022年）、首
都ロンドンを擁する。英連合の核
心をなし、政治経済の中心地。伝
統的な鉱工業に加え高度な農牧業
も発展。シティ・オブ・ロンドンは
世界の金融の中枢。

イギリス人らしさ ってどんなもの?

イ一口にイギリス人気質といっても地域によりさまざま。独立心の強いスコットランド、グローバル志向のロンドン…。共有する歴史からは、かつて世界を制した大英帝国の誇りを胸に秘め、近代に形成されたジェントルマン文化を背景に教養・知性にあふれ、マナーを重んじ、直接的な言い方よりは婉曲的な言い回しを好む、といったところか。一方でユーモアを愛し、皮肉な物言いや

自嘲的な話し方、初めて聞くと驚くようなブラックユーモアを口にすることもある。一言では語ることができないのがイギリス人らしさ、なのかもしれない。

わかりづらい?
イギリス人の 言いまわしと表現

イギリス人の婉曲的な言いまわしには、鵜呑みにしてはいけないことがたくさん。実際には反対の意味が含まれることもあるので注意したい。

> **イギリス人の発言**
> "Very interesting".
> (非常に興味深いですね)
> **本当の意味**
> 明らかにナンセンスです。

イギリス人の発言 ( )内は直訳	本当の意味
QUITE good. (とってもいいですね (quiteを強調))	ちょっとがっかりです。
quite GOOD. (とってもいいですね (goodを強調))	素晴らしい。
I'm sure it's my fault. (きっと私のせいだ)	君のせいだ。
I almost agree. (ほぼ同意見です)	まったくもって同意できません。
I hear what you say. (おっしゃるとおり)	これ以上議論したくない。
It's in no sense a rebuke. (これは叱責ではない)	私は君に激怒しており、それを知ってほしい。
Correct me if I'm wrong. (間違っていたら訂正してください)	私は自分が正しいと知っている。反論しないでくれ。
I'll bear it in my mind. (心に留めておきます)	もうとっくに忘れました。
With the greatest respect… (最大の敬意をもって…)	私はあなたが間違っていると思う / 愚かだと思う。
That is a very brave proposal. (勇気ある提案ですね)	君は正気じゃない。

出典:『エコノミスト (The Economist)』(イギリスの国際政治・経済誌)、『インディペンデント (The Independent)』(イギリスのオンライン新聞)

United Kingdom of Great Britain
and Northern Ireland

英国の建築

多様な建築様式で構成されているイギリスの建築。9世紀〜12世紀にかけて登場したロマネスク様式はロンドン塔などに見られ、12世紀後半〜16世紀前半に登場したゴシック建築はイギリス各地の大聖堂に見られる。エリザベス朝建築やバロック建築、ジョージアン建築などもあり、その多彩さが世界中の人々を惹きつけている。

エディンバラ城

Edinburgh Castle

スコットランドの首都、エディンバラのキャッスルロックと呼ばれる岩山の上にそびえる古城。最も古い建物は12世紀初めに建てられたセント・マーガレット礼拝堂とされる。城内にはスコットランド王家の宝冠や宝石類が展示されているクラウンルーム、王族の居間などがある。

バッキンガム宮殿

Buckingham Palace

ロンドンのウェストミンスターにある英国王室の宮殿。1703年にバッキンガム公シェフィールドが建造。1761年、ジョージ3世が王妃の屋敷として購入、ヴィクトリア女王の時代から歴代王室の住まいとなった。衛兵や騎馬兵の交代風景はロンドン名物の一つとなっている。

ハイクレア城

Highclere Castle

2010〜2015年にかけて放送されたイギリスの人気テレビドラマ「ダウントン・アビー」の舞台。ハンプシャー州ニューベリー近郊にある17世紀に建てられた貴族の屋敷で、現在あるヴィクトリア朝風の屋敷は1842年に完成した。屋敷は夏季のみ一般に開放される。

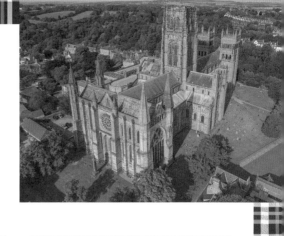

ダーラム大聖堂

Durham Cathedral

イングランド北東部のダーラムにあるイギリス・ロマネスク様式の大聖堂。細部にはアングロ・ノルマン様式が見られ、同様式ではヨーロッパで最も精巧な建築物と言われる。創建は1093年で、建造は1242年まで続いた。1986年にダーラム城とともにイギリスで初めて世界文化遺産に登録された場所のひとつ。

カンタベリー大聖堂

Canterbury Cathedral

ロンドンの南東カンタベリーにある大聖堂で、イングランド国教会の大本山。創建は6世紀にさかのぼり、現在の建物は11世紀から16世紀にかけて建設されたもの。イギリス最初のゴシック様式建築で、増築、修復が繰り返され現在の建物となった。ユネスコ世界文化遺産。

ウェストミンスター寺院

Westminster Abbey

ロンドンの中心部ウェストミンスターにある教会。創建は7世紀初め。11世紀に再建され現在の建物は13世紀に起工されたもの。歴代の国王はここで戴冠式を行い、結婚式を挙げ、葬儀が行われる。シェイクスピアはじめ文人の墓碑・墓石もある。ユネスコ世界文化遺産。

セント・ポール大聖堂

St. Paul's Cathedral

ロンドンにあるイギリス国教会の大聖堂。創建は7世紀の初め。中世にノルマン様式の大聖堂が建造されたが1666年のロンドン大火で焼失。その後、いま見られる新古典主義様式の大聖堂が再建された。地下の礼拝堂には、ネルソン提督やウェリントン将軍らの墓所がある。

イギリスってどんな国❓④

伝統料理

「イギリスでは日に朝食を3度食べよ」と作家S・モームは『月と6ペンス』に書いた。イギリスの食事が不味い、とは割と聞く話だが、2012年ロンドン五輪を契機に有名シェフの店や各国料理のテイクアウト店が増え、ロンドンの食は改善傾向にあるという。各地に伝統的な料理もある。個性的な料理を紹介しよう。

＞ フル・イングリッシュ・ブレックファスト ＜

薄いトースト、卵、ハッシュドポテト、ソーセージ&ベーコン、ブラックプディング（豚の血のソーセージ）、焼きトマトや煮豆、マッシュルーム。なかなかに高カロリーのため、最近の健康志向の若い人は避ける傾向もあるという。別名フライアップ。二日酔いに効くらしい。

＞ フィッシュ&チップス ＜

鱈やカレイのフライに細切りポテトのフライを添えた軽食。チップスはほかにもさまざまな料理に添えられる。

＞ ローストビーフ ＜

18〜19世紀、貴族は多く外国人シェフを雇った。そんな外来の贅沢に反発、伝統のローストビーフを崇める風潮が高まった。

＞ ポリッジ ＜

オーツ麦を水やミルクで煮てドロドロにして食べる。朝食に一般的で、スコットランドでは国民食とされる。

＞ スコッチエッグ ＜

ひき肉とみじん切り玉ネギでゆで卵を包み、パン粉をつけ揚げる。フォートナム&メイソンが発明した。

> シェパーズパイ <

羊飼いのパイの意。細かく刻んだ肉と野菜を炒め、薄切りポテトを上に載せるかマッシュポテトで包む。古典的なものはラム肉を使う。

> ヨークシャー・プディング <

小麦粉・卵・牛乳を混ぜた生地に肉汁をかけて焼く。イギリス全土でよく食べられ、通常はローストビーフの付け合わせとして提供される。

> ハギス <

スコットランドの伝統料理。刻んだ羊の内臓に玉ネギ・オーツ麦・ハーブ・牛脂などを混ぜて羊の胃袋に詰め、蒸すか茹でる。特別な日向け。

> カウル <

ウェールズの国民的シチュー。ウェールズの国花・国章であるリーキ（西洋ネギ。長ネギに似る）などの野菜と肉をじっくり煮込んだもの。

> バルティ <

鉄鍋を用い、強火で手早く調理する英国風カレー。BBCによればバルティは1977年バーミンガムで開発されたという。

> ウナギのゼリー寄せ <

ロンドン・イーストエンドの名物。ウナギは安く栄養価が高いことから手軽に食された。ぶつ切りウナギを煮込んでから冷やし、煮凝りに。

3段のプレートに盛られたペイストリーやスコーン、香り高い紅茶。優雅なひとときを過ごすアフタヌーンティーはイギリス国内のみならず世界に広まり、日本でも高級ホテルなどが手がけて人気になった。アフタヌーンティーを楽しむ「ヌン活」なる言葉もうまれたほど。でも正しいマナーは？　基本から見ていこう。

フルアフタヌーンティー の基本

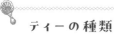

ティーの種類

- **アーリーモーニングティー**
  起き抜けの紅茶。
- **モーニングティー（イレブンジス）**
  ランチ前の11時頃に飲むティーブレイク。
- **アフタヌーンティー**
  午後4〜5時頃に紅茶と軽食を楽しむ、もともとは貴族の習慣。
- **ハイティー**
  紅茶つきのしっかりとした夕食。
  別名ミートティー。

アフタヌーンティーは1840年、ベッドフォード公爵夫人アンナが空腹に耐えられず用意させたのが最初とされる。正午の軽いランチから夜8時のディナーまでの間に小腹を満たそうというわけだ。これに対し18〜19世紀、労働者階級の間で広まったのがハイティーで、紅茶とサンドイッチなどの軽食、さらに肉料理やサラダなどを夜食として楽しむものだ。

主なメニュー と食べる順序

プレートは上からペイストリー（デザート）、スコーン、サンドイッチ。ホストから注がれた紅茶を楽しんだら、下から順に食べる。細かいマナーもあるが、気軽に楽しみたい。

最後のお楽しみ、デザート。ペイストリーフォークで食べやすい大きさにして口に運ぶ。用で席を立つときナプキンは椅子に。

複数の人で楽しむときは皆さんがサンドイッチを食べ終えてからスコーンに。ナイフを使わず手で2つに割る。

まず紅茶を楽しみ、食べ始めは最下段のサンドイッチから。自分の皿にとり、大きければナイフで食べやすい大きさに切る。

正しい お作法 は？

ひとりでも優雅に、お友達となら正しいマナーで。

通常は片手でカップのみをもって飲む。ローテーブルで飲む時や景色を見る場合などに立ち上がる際はソーサーももう一方の手でもつ。自分で注ぐ場合ティーポットは片手でもち、ティースプーンでかき混ぜる時は円を描かず前後に動かす。使ったスプーンはカップの向こう側に置く。

スコーンは手で2つに割り、ジャムとクリームを使う分お皿にとって皿上で塗って食べる。

クリームが先？ ジャムが先？

スコーンに先に塗るのはクロテッドクリームか、それともジャムか？　長く議論が繰り広げられてきた「スコーン論争」だ。クリームが先なのはデヴォンシャー流、ジャムが先なのはコーンウォール流と言われる。デヴォンシャー州、コーンウォール州はいずれも酪農が盛んなクロテッドクリームの二大産地だ。マナー上はどちらもOK。なお前女王はジャムが先派。

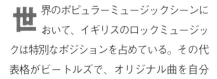

イギリスってどんな国❓⑥

ビートルズ&ロック

世界のポピュラーミュージックシーンにおいて、イギリスのロックミュージックは特別なポジションを占めている。その代表格がビートルズで、オリジナル曲を自分たちで演奏し歌うバンドスタイルを確立した最大の功労者だ。近年は「ブリットポップ」とも呼ばれ、掲載した以外にもオアシス、ブラーなど人気バンドが目白押しだ。

ザ・ビートルズ
The Beatles

リバプールで結成。メンバーはポール・マッカートニー、ジョン・レノン、ジョージ・ハリソン、リンゴ＝スターの4人。「抱きしめたい」「イエスタデイ」などのヒット曲を生み、1967年に発表された「サージェント・ペパーズ・ロンリー・ハーツ・クラブ・バンド」はポピュラー音楽の最高傑作とされる。1960年代以後の社会や文化に大きな影響を与え1970年に解散。

リバプール
ストロベリー・フィールド
ペニーレイン
キャヴァーン・クラブ
ビートルズストーリー
（博物館）

ロンドン
アビーロード・スタジオ
ジョンとヨーコが暮らした家（34 Montagu
Square）

ビートルズの名盤、
「ヘイ・ジュード」
「イエスタデイ」
「イマジン」。

イギリスにはビートルズに関わる聖地が数多くある。ロンドンにはアルバム「アビーロード」のジャケットにもなった横断歩道が。ビートルズが生まれ育ち、曲目にもなった「ストロベリー・フィールド」や「ペニーレイン」はリバプールに。

2023年新曲リリース

タイトルは「ナウ・アンド・ゼン」。亡くなる数年前のジョンが、自宅のピアノを弾きながら歌ってテープに吹き込んだ曲を、AIを使い4人の「ザ・ビートルズ」の曲として蘇らせた。

クイーン
Queen

1973年デビュー。ハードロックでありながら、ギタリストであるブライアン・メイが演奏するエレクトリックギターの音を多重録音するなど構成力の高い楽曲で人気。1991年にボーカルのフレディ・マーキュリーが死去したが、現在も活動は断続的に続いている。

1985年には20世紀最大のチャリティーコンサートと言われる「ライブエイド」にも出演。

ミック・ジャガー、キース・リチャードに加えロン・ウッドをとともに今なおロック界に君臨し続ける。

ザ・ローリング・ストーンズ
The Rolling Stones

1963年レコードデビュー。ブルースを始め黒人音楽の影響を受けた楽曲を得意とし「サティスファクション」などのヒットによってビートルズと並び称される世界的なバンドに成長。メンバーの死や脱退もあったが、一貫したロックンロール・スタイルを貫き続けている。

レッド・ツェッペリン
Led Zeppelin

1968年ロンドンで結成。重厚なギターサウンドとリズムセクション、ハイトーンで声量豊かなボーカルなどからハードロックの先駆者とされ、ケルト音楽などイギリス伝統音楽のエッセンスも取り入れた楽曲は高い評価を受けている。「天国への階段」などヒット曲も多数。

1971年と1972年の2度にわたって来日。日本武道館などで公演を行い、日本のロックファンの度肝を抜いた。

「ハイウェイ・スター」「スモーク・オン・ザ・ウォーター」は日本でもギター少年がマスターすべき曲として有名。

ディープ・パープル
Deep Purple

1968年結成。ハードロックバンドの代表格の1つ。メンバー・チェンジを繰り返しながら、ボーカル・ベース・ギター・キーボード・ドラムというスタイルを保ち続けた。特に初代キーボーディストのジョン・ロードのオルガンは、バンドのキャラクターを決定的に印象付けた。

イギリスってどんな国 ⑦

United Kingdom of Great Britain and Northern Ireland

明治日本のお手本

日本がイギリスに影響を受けたことは数多いが、なかでも明治日本は近代国家を目指してイギリスに多くを学んだ。それらはその後の日本に大きな影響を与えている。その後も第二次大戦の一時期を除き、日英関係は良好だ。なかでも近代日本を形づくった議院内閣制や海運・海軍、鉄道や教育など重要なものをまとめてみた。

日本がイギリスから受けた影響

議院内閣制

イギリスで発達した内閣が議会の信任を得ることを必須とする政治制度のこと。日本の国会はイギリスと同じく二院制を採用、両院対立時下院優位の原則も同じ。首相は原則第一党党首が務めるのも日本と一緒。

外交

開国こそ黒船に起因したが、幕末の貿易主要相手国はイギリス。文久遣欧使節団や岩倉使節団は海路で大英帝国領に寄港しその脅威を実感、1902年の日英同盟は対ロ脅威認識を共有し、その後の日本外交に影響した。

造船・海軍

明治期の「お雇い外国人」には造船技師・海運技師がおり、渡英技術者とともに日本の造船技術を著しく向上させた。イギリスの海上制覇と帝国の成就は手本と見られ、明治期、日本の海軍は英国海軍を手本とした。

科学技術教育

東京(帝国)大学や後の東大工学部となる工部大学校などの設立時の外国人教師のうち78%がイギリス人。後者には校長をはじめ多くのイングランド人・スコットランド人学識者がおり、近代理工学を日本に伝えた。

商業・金融

幕末・明治期にランカシャー綿製品が輸入されたが紡績機の導入で日本の繊維業の国際競争力が上がった。イギリスの銀行は近代銀行・通貨制度のモデルを与え、日本は中央銀行、会計基準・監査制度などを学んだ。

社会保障制度

イギリスでは第一次大戦後に労働党が政権をとり、制度的・財政的に福祉国家が成立した。同時期に日本でも制度の発展を見たが、本格的な成立は英ベヴァリジ報告などを重要な指針とした第二次大戦後の制度改革から。

鉄道

日本で最初の鉄道(新橋～横浜)は開通時、軌道・機関車・その他全ての装備がイギリスから輸入された。その後も英鉄道技師から多くを学んだ。

電信

岩倉使節団はロンドンで見た英電信業務に驚愕、海洋ケーブルを含む全国電信網を近代化政策のひとつとした。技術・運用とも大いに学んだ。

灯台

条約港での灯台設置を求められた日本政府はイギリスに助力を求め、スコットランド人技師の設計により灯台・浮標・水路標識が設置された。

Chapter

1

歴史1

古代〜中世

19世紀に世界を制するイギリスも、中世まではローマなど
先進地域から見れば辺境に過ぎなかった。
なぜ強大な国家になることができたのか？　少しずつ解きほぐしていこう。

British History

B.C.4000 – A.D.1500

| 前4000 | 後100 | 600 | 1000 | 1400 | 1500 |

- 先史時代
- ストーンヘンジ
- ケルト文化
- 前55年
- ローマ支配
- 409年
- アングロサクソン移住
- 七王国
- ヴァイキング侵入
- ノルマン朝 1066年
- プランタジネット朝 1154年
- マグナ・カルタ 1215年
- 百年戦争終結 1453年

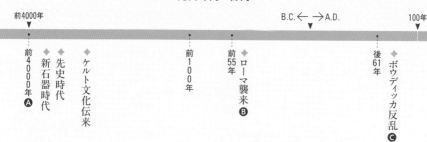

B.C. ← → A.D.

前4000年　100年

前4000年 Ⓐ

新石器時代
先史時代

ケルト文化伝来

前100年

前55年
ローマ襲来 Ⓑ

後61年
ボウディッカ反乱 Ⓒ

前2～後2世紀

スカンディナビア

ヒベルニア

エブラクム（ヨーク）

ブリタニア

ロンディニウム（ロンドン）

ゲルマニア

ガリア

Ⓑ 前55年〜

古代ローマのカエサルが海を渡りブリタニアに上陸したが、兵力不足などで遠征は失敗。翌前54年に再度遠征、今度は南部諸部族の平定に成功した。

Ⓐ 前4000年〜

前4000年頃から新石器時代に入り、前18世紀頃から南東部平原に「ストーンヘンジ」と呼ばれる環状列石（ストーンサークル）が建造されるようになった。

Ⓒ 後61年

進むローマ支配に対してイケニ族の女王ボウディッカが反乱、鎮圧された。現在もロンドン・ウェストミンスター橋西端に女王の像が建つ。

ケルトの地にローマが襲来
ローマ帝国下でローマ化

　氷期には大陸と地続きだったイギリスが「島国」になったのが前7000～前6000年頃。前6世紀頃からケルト人が大陸から移住し生活していたが、ここにローマが襲来した。前55～54年にカエサル、後43年にはクラウディウス帝が本格侵攻、以降制圧とローマ化が進んだ。もともとこの地に住んでいた諸部族は各地で反乱、なかでもイケニ族最後の女王ボウディッカは後61年に決起しロンディニウムで多数のローマ人を攻撃したが鎮圧され自害した。

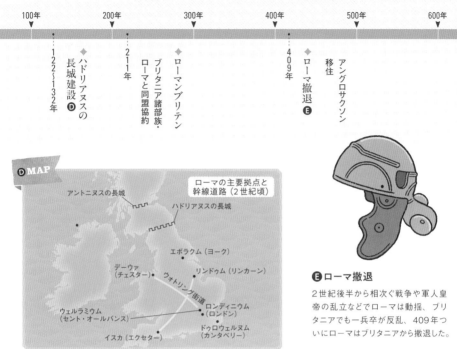

古代（ローマンブリテンからアングロサクソン移住へ）

100年　200年　300年　400年　500年　600年

- 122〜132年 ◆ハドリアヌスの長城建設 **D**
- 211年 ブリタニア諸部族・ローマと同盟協約 ◆ローマンブリテン
- 409年 ◆ローマ撤退 **E** アングロサクソン移住

ローマの主要拠点と幹線道路（2世紀頃）

アントニヌスの長城
ハドリアヌスの長城
エボラクム（ヨーク）
デーヴァ（チェスター）
リンドゥム（リンカーン）
ウォトリング街道
ウェルラミウム（セント・オールバンス）
ロンディニウム（ロンドン）
ドゥロウェルヌム（カンタベリー）
イスカ（エクセター）

E ローマ撤退

2世紀後半から相次ぐ戦争や軍人皇帝の乱立などでローマは動揺、ブリタニアでも一兵卒が反乱、409年ついにローマはブリタニアから撤退した。

D ハドリアヌスの長城

ローマ最大版図を成したハドリアヌス帝が122〜132年に北方民族の侵入を防ぐため建設した。高さ約5m、幅2.5〜3m、当時の全長118km。

ローマ本国が衰退、撤退へ 以降アングロサクソンが移住

80年頃にはスコットランドまで進出したローマは、帝国の最大版図を成したハドリアヌス帝代に北方民族の侵入を防ぐため北辺に防衛線を築く。さらに北方にアントニヌスの長城も築かれたが、これはすぐ廃棄された。2世紀後半からローマ本国では相次ぐ戦争や戦費調達のための増税による都市の疲弊、軍人皇帝の乱立やゲルマン諸部族の侵入などで政経が大きく動揺するようになる。すでに多くのブリタニア（ローマ人によるイギリスの呼称）の人々の間で「ローマ人」としての自覚は失われていたが、ついに409年総督が放逐されローマはブリタニアから撤退した。以降はアングロサクソンが流入し、原住民のブリトン人らは西端や北端（後のウェールズとスコットランド）に追いやられていく。原住民の間ではゲルマン系に対抗する象徴、アーサー王伝説が生み出された。

600年　　　　　　　700年　　　　　　　800年

7世紀初頭

◆七王国 Ⓐ

ヴァイキング侵入
攻防

757年

**◆マーシアで
オファ王が
即位 Ⓑ**

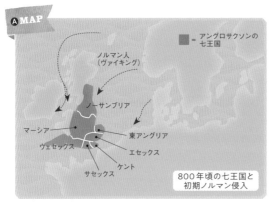

= アングロサクソンの
七王国

ノルマン人
（ヴァイキング）

ノーサンブリア

マーシア

東アングリア

ウェセックス

エセックス

サセックス

ケント

800年頃の七王国と
初期ノルマン侵入

Ⓐ七王国の成立

アングロサクソン人らはブリタニア中央部・南東部を手に入れた。次第に王国が成り、7世紀初頭までに七王国に集約された。

マーシア王エゼルバルド

在位716〜757年。キリスト教会への徴税・住民への賦課により王権と国力の増強に成功した。暗殺された後マーシアは内乱状態に陥った。

Ⓑオファ王

マーシアの内乱を収めて他国を攻略、法典編纂や通貨鋳造を行いイングランドを代表する支配者となった。

マーシア王オファの登場
後ヴァイキングが襲来

大陸から本格的にキリスト教が伝わったのが6世紀末。約20ものアングロサクソンの王国は7世紀初頭までに七王国に集約され、なかでもマーシアの王エゼルバルドは8世紀に教会への徴税などで王権・国力を増強させた。暗殺された後は内乱となる

が、前王の従兄弟オファが王位を継承、次々に各国を撃破する。彼はイングランド初となる本格的な法典の編纂（へんさん）に取り組み、銀貨ペニーを造幣し、イングランド全土で流通させた。オファは「全イングランドの王」となったのである。しかし死後すぐにマーシアは没落していく。そんな時、北海周辺で侵略を繰り返したのがヴァイキングと呼ばれたデーン人だ。8世紀頃までにシェトランド、9世紀にはマン島やアイルランドに侵攻する。イングランドまでは後一歩だった。

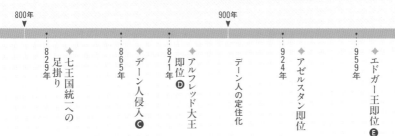

800年　　　　　　　　　　900年　　　　　　　　　　1000年

◆ 七王国統一への足掛り　829年

◆ デーン人侵入 **C**　865年

◆ アルフレッド大王即位 **D**　871年

デーン人の定住化

◆ アゼルスタン即位　924年

◆ エドガー王即位 **E**　959年

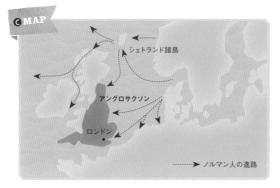

C MAP

シェトランド諸島

アングロサクソン

ロンドン

┈┈┈┈➤ ノルマン人の進路

C デーン人のイングランド侵入

865年、デンマークのノルマン人（デーン人）がイングランドに侵入開始。優れた造船技術と軍事力、馬術を駆使してイングランド東部を瞬く間に制圧した。

E エドガー王

マーシア王・ノーサンブリア王で、959年にウェセックス王、イングランド全土の王に。平和な治政を実現。

D アルフレッド大王

ウェセックス王、在位871～899年。デーン人と戦い境界を定めた。政治・軍事に優れ法典編纂や古典英訳など学芸にも際立った業績から「大王」と称される。

デーン人が侵入、定住化 攻防とイングランド統一への道

　ついにデーン人がイングランドを襲う。その直後に即位したウェセックス王アルフレッドは一進一退の攻防の末に撃破、デーン人を東部に封じ、イングランド統一と王権強化を進めた。孫のアゼルスタンはデーン人撃退などの軍功でイングランド王の呼称を全土で認めさせ、のちの議会の起源となる「賢人会議」を設置した。その甥エドガー王の代、イングランドは名実ともに統一王国となる。エドガーは教会・修道院改革を進め、法編纂や外交・防衛を賢人会議に諮（はか）った。彼のキリスト教に則る国王戴冠式の挙行は今日まで慣習として残る。

Chapter

1

歴史1 古代〜中世

✂ アルフレッド大王とアゼルスタン ✂

アルフレッド大王の功績

デーン人を破って国境を画定、すでにあった州などを整備し「州制」をつくり地方統治の基盤とした。過去の法典・慣習を踏襲したうえ新法も編み、これは王の裁量で法をつくる先例になった。要地に城市を建設、海軍整備で以後のデーン人襲来に備えるなど統治・軍事に優れた一方でラテン古典の英訳、年代記編修など学芸を奨励、アングロサクソン諸王のなかでも傑出し「大王」と呼ばれた。

孫のアゼルスタンの功績

いまだ各地を襲っていたデーン人を撃退、スコットランド・諸部族連合を破って北部の大都市ヨークを得た。祖父の遺制を継ぎ、州制をさらに発展させ確立、新法を編纂するとともに王権の象徴ペニー銀貨を鋳造し、イングランド全土に流通する「単一」の貨幣とした。なかでも最大の功績は賢人会議の設置だ。地方的な問題より中央の外交・防衛や立法・司法にかかわる問題をここで協議した。

連綿と今に連なる遺制
賢人会議と国王戴冠式

アゼルスタンの賢人会議より以降、イングランド国王らは立法に深く関わり、有力者たちとの会議を定期的に開催するようになる。イングランド各地の代表者、すなわちカンタベリーやヨークの大司教、司教、大修道院長、有力貴族や豪族などが集まった。王位継承の調整・規範づくりも会議の大切な役割で、時代が降るとともに出席者らの序列が形成されていった。この賢人会議が、のちの国王評議会や議会の起源となる。

アゼルスタンの甥エドガーも国の課題を賢人会議に相談した。このエドガーが今に続く慣習として確立したのが、キリスト教に則る国王戴冠式だ。ここに神の祝福のもと王権は神聖性と永続性を帯び、イングランド王位の優位性が厳かに現前する。それはスコットランド王やウェールズ諸首長によるイングランド王への臣従も意味した。

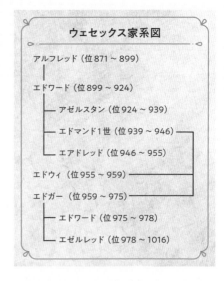

ウェセックス家系図

アルフレッド（位871～899）

エドワード（位899～924）

├ アゼルスタン（位924～939）

├ エドマンド1世（位939～946）

└ エアドレッド（位946～955）

エドウィ（位955～959）

エドガー（位959～975）

├ エドワード（位975～978）

└ エゼルレッド（位978～1016）

1000年　　　　　　　　　　　　　　　　　　　　　　　1100年

デーン人再襲来

◆1016年
　デーン王朝 Ⓐ
　カヌート、イングランド王に

◆1066年
　ヘイスティングズの戦い Ⓑ
◆ノルマン朝成立

Chapter

1

歴史1　古代〜中世

Ⓐ MAP　1000年頃のイングランド周辺

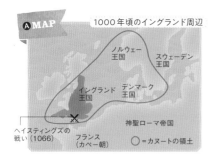

ノルウェー王国
スウェーデン王国
イングランド王国
デンマーク王国
神聖ローマ帝国
ヘイスティングズの戦い(1066)
フランス（カペー朝）
×
○=カヌートの領土

Ⓐ カヌート、イングランド王に

1016年、デンマーク王の次男カヌートは同年即位したエドマンド2世を破り、「全イングランドの王」として認められた。

Ⓑ ヘイスティングズの戦い

デーン人カヌート王亡き後、デーン人と敵対してきたノルマンディ公国のギョームは1066年ヘイスティングズでイングランド軍を破った。

ノルマンディ公ギョーム

ギョームはヘイスティングズの戦いの2カ月後イングランド王として即位、ウィリアム1世（ギョームの英語名）となった。彼は征服王と呼ばれた。

エドガー死後に国内は混乱、デーン人王朝、ノルマン人王朝へ

　エドガー王の次男エゼルレッドが王位に就くと再びデーン人が襲来、エゼルレッドは賢人会議に諮らずに国内のデーン人虐殺を命じた。激怒したデンマーク王スヴェンはイングランド軍を破り、巨額の平和金を得て復讐を果たす。一連の騒動によりエゼルレッドは無思慮王と呼ばれ、各地の有力者らが離反した。スヴェン王の死後、次男カヌートがイングランド王に推戴されると有力者らはカヌートになびく。カヌートはエゼルレッドの長子エドマンド2世を破り、「全イングランドの王」となった。

　しかしカヌートの築いたデーン王朝は彼の死後短命に終わる。当時優勢を誇ったウェセックス伯ゴドウィンはエドマンドの弟エドワードを王位に就け、エドワードはゴドウィンの傀儡となった。世継ぎのないエドワードの死後ウェセックス伯ハロルドが王位に就くと、即位前エドワードの亡命生活を助け、一説にエドワードから王位継承を打診されていたというノルマンディ公ギョームがヘイスティングズの戦いでハロルドを破り、イングランド王ウィリアム1世となった。

1100年　　　　　　　　　　　　　　　　　　　　　　　　　　1200年

内乱(〜1153年)
1135年〜

◆
プランタジネット朝
Ⓐ
1154年

Ⓐヘンリ2世

ノルマン朝断絶後、フランスの
アンジュー伯がヘンリ2世として
プランタジネット朝初代の王とな
り、封建王制を確立した。

MAP

11世紀後半

ノルマン朝
イングランド
王国

ロンドン

ノルマンディー

フランス王国

12世紀後半

プランタジネット朝
イングランド王国

ロンドン

ノルマンディー

フランス王国

●＝ヘンリ2世の領土

11〜12世紀の英仏関係

ノルマンディ公ギョームがイングランド王になると、フランス王はアンジュー伯など仏有力
貴族と同盟し英包囲網を敷き、イングランド諸侯や王は所領支配のため海峡を頻繁に行
き来した。アンジュー家プランタジネット朝になると大陸側の勢力圏は大きく広がった。

激動のノルマン朝を経て
広大な版図と富を誇る有力国に

　ノルマン朝初代ウィリアム1世(征服
王)より以降、ノルマン朝の王位継承には
戦乱が伴った。一方で息子のヘンリ1世代
には行政・財務・司法の制度が整い、のち
のイングランド統治の基盤となる。このヘ
ンリ1世が継承者と考えたのが娘マティル
ダだったが、ヘンリ1世の訃報に機敏に対
応、地の利と教会のツテを使い早々と戴冠
してしまったのがブーローニュ伯エティエ
ンヌ(スティーヴン王)だった。マティル
ダは武力で対抗、内戦は18年も続いた。

スティーヴンの息子ユスタスの死による王
の失意などにより内戦は収まり、皇妃マ
ティルダとアンジュー伯の間の息子アンリ
が次王となる。彼はヘンリ2世を名乗り、
プランタジネット朝の開祖となった。

　ヘンリ2世の継承地は広大だった。ノル
マン朝領土に加え、父アンジュー伯領や妻
の相続地アキテーヌ(仏南西部)もあり現
在のフランスの西半分を占め、富は神聖
ローマ皇帝をしのいだ。さらに幼いスコッ
トランド王を臣従礼を行うため呼びつけ、
ウェールズやアイルランドに対しては遠
征・交渉により征服地・宗主権下の領土を
増やした。

1200年　　　　　　　　　　　　　　　　　　　　　　　　　　　　　　1300年

1204年
ジョン王、ノルマンディ喪失

1215年
マグナカルタ

1225年
諸侯大会議

1259年
パリ条約批准 **B**
（フランス北西部の権利を放棄、大陸領はガスコーニュのみに）

1265年
シモン・ド・モンフォールの議会

欠地王ジョン

国土を回復したいフランス王フィリップ2世の侵攻で1204年ノルマンディを失う。1209年にはローマ教皇により破門。マグナカルタ成立も彼の代。

❧マグナカルタとは❧

ジョン王が調印した王権を制限し貴族の特権を確認する文書。のちの権利請願（1628年）や権利章典（1689年）などとともにイギリス立憲制の基軸となっていく。

●マグナカルタの内容
国王の徴税権の制限、国王役人の職権乱用の防止、民事・刑事裁判、教会の自由、度量衡の統一、御料林規制の緩和など

大陸の領土を次々と失地
同代には議会政治の芽生えも

ノルマンディを失ったジョン王は、大陸の領土奪回のため徴税を繰り返し諸侯に軍役代納金を求め、諸侯と王の間に内戦が勃発する。劣勢の王は諸侯の要求事項が列挙された文書「マグナカルタ」を承認した。し

B MAP

スコットランド王国

アイルランド

イングランド王国

ロンドン

・パリ

フランス王国

神聖ローマ帝国

ボルドー

ガスコーニュ地方

教皇領

13世紀後半のイギリス領

ノルマンディの失地に続き、フランス王ルイ8世・9世などにより大陸のイギリス領は奪われ続け、13世紀後半にはガスコーニュ地方のみが残った。

かしジョンはすぐに破棄、再び内戦となった。

次王ヘンリ3世（位1216〜72年）は諸侯と和平、以降は諸侯大会議が政治の重要事項を決めた。なかでも1225年の諸侯大会議ではマグナカルタなどが再確認された。しかし父王と同じく議会を軽視したヘンリ3世に諸侯の不満は溜まり、反国王派の首領により「シモン・ド・モンフォールの議会」を開催する。ここでは貴族・聖職者だけでなく初めて市民・騎士も呼ばれて統治に対して意見を述べ、イギリス議会の起源となった。以降ヘンリ3世も議会の重要性を再認識し、議会は定期的にウェストミンスターで開催されるようになった。

写真で見る
イギリスの世界遺産 ①

行ってみたい！ イギリスの世界遺産を紹介！

1 ジャイアンツ・コーズウェーとコーズウェー海岸、**2** ダーラム大聖堂、**3** グウィネズのエドワード1世の城郭と市壁、**4** 産業革命のシンボルとなった世界初の鉄橋があるアイアンブリッジ渓谷、**5** ストーンヘンジ、エーヴベリーと関連遺跡群、**6** ローマ帝国辺境（ハドリアヌスの長城）、**7** 紀元1世紀にローマ人が造った街で文化遺産のバース市街、**8** 著名な造園家"ケイパビリティ"・ブラウンが造った公園のなかにあるブレナム宮殿、**9** スタッドリー王立公園、**10** 6世紀創建、500年近くイングランド国教会の大本山であるカンタベリー大聖堂、**11** ウェストミンスター宮殿　写真は世界遺産に含まれる聖マーガレット教会

1300年　　　　　　　　　　　　　　　　　　　　　　1400年

1311年
王権制限 Ⓐ

1314年
スコットランド独立

1337年
百年戦争 Ⓑ
（～1453年）

1348年
ペスト大流行
（～1351年）

1381年
ワット・タイラーの乱

Ⓐエドワード2世（位1307～27）

父王エドワード1世の議会重視に対し、「悪い取り巻き」を重用して諸侯と対立、諸侯は武装して議会に集結し、王に改革を迫り1311年「改革勅令」が作成された。

ⒷMAP

イングランド王国

●=開戦時の英領
●=1360年までの英占領地

クレシーの戦い（1346）

ポワティエの戦い（1356）

フランス王国

英領ガスコーニュ

Ⓑ百年戦争・前半

1337年勃発。46年クレシーの戦いで圧勝、56年「黒太子」エドワード皇太子がポワティエで快勝するが皇太子・王が相次ぎ亡くなる。のち小康状態が訪れた。

王権制限は進み二院制が開始
百年戦争が勃発、ペストや反乱も

　祖父と父王ヘンリ3世の諸侯との対立を見て育ったエドワード1世は議会を重視、行政府を整備した。しかし次王エドワード2世は外国出身の「悪い取り巻き」を寵愛、父王の進めたスコットランド遠征を止め諸侯の反感を買う。諸侯は武装して王に迫り、1311年「改革勅令」を王に認めさせる。これは悪い取り巻きを追放し、年に1～2回は議会を開き、従来法を再確認するものだった。しかし諸侯との軋轢は止むことなく、1327年ノルマン朝以来はじめてエドワード2世は「廃位」され、のち皇太后（王

妃）の命で処刑された。

　次王エドワード3世の統治下では、貴族・聖職者と市民・騎士の議会は別々に開かれるようになる。二院制のはじまりだ。ただこの頃、フランドル地方の羊毛交易を巡る衝突など、英仏関係が悪化していた。1337年フランス国王フィリップ6世はガスコーニュなど大陸の英領を没収すると宣言、百年戦争が始まった。39年フランス北東部に侵攻、のち「黒太子」エドワード皇太子の活躍もあり英優位が続いたが、76年黒太子は急死する。翌年エドワード3世も崩御、リチャード2世が即位したが、疫病や不況から重税を課し、ロンドンでワット・タイラーの乱が起きた。

1400年　　　　　　　　　　　　　　　　　　　　　　　　　　1500年

〜1410年
スコットランド反乱

1429年
オルレアン解放
ジャンヌ・ダルク

1453年
百年戦争終結

1455年
バラ戦争（〜85年）

◆1485年
テューダー朝 C

MAP

アザンクールの戦い
（1415）

パリ

オルレアンの戦い
（1429）

フランス王国

● ＝1420〜29年の英領

百年戦争・後半

ヘンリ5世はアザンクールの戦いなどで連勝したが、1429年ジャンヌ・ダルクのオルレアン解放により戦況は一転する。大陸の英領は見る間に浸食されていった。

**© ヘンリ7世
（1485〜1509）**

テューダー朝の開祖。貴族の勢力をそぎ王権を強化、商工業を奨励し堅実な財政基盤をつくり、国の独立を守るとともにテューダー朝安定の基盤をつくった。

百年戦争から2年後にバラ戦争
長い戦乱に国は疲弊し弱小国に

　ヘンリ5世は大陸の領土奪還に向け遠征、連戦連勝しフランス北部一帯の占領に成功するが、若くして世を去る。フランス王女と結婚しできた息子ヘンリは、母方の祖父フィリップ6世が逝去したため仏王位も継承、英王ヘンリ6世にして仏王アンリ2世となった。一方で百年戦争の戦況は悪化、1453年カレーを除く大陸領すべてを失い百年戦争は終結する。ランカスター家のヘンリ6世は病弱で、勢力を増すヨーク家は王位簒奪（さんだつ）を目指し内乱となる。バラ

戦争（1455〜85年）だ。緒戦でヨーク側がヘンリ6世を捕えたが容易に王位は奪えず、のちヨーク公自身が戦死する。残された長男は人望が厚く、虜囚のヘンリ6世に代わり諸侯から王に推挙され、王エドワード4世となった。彼とのち2代の王位をヨーク家が継いだためヨーク朝と呼ばれる。しかしヨーク王権は内紛に悩み、動揺に乗じてランカスター家傍系のリッチモンド伯がボズワースで決戦を挑む。ヨーク朝最後の王リチャード3世は敗死、1485年、勝利した伯は戴冠しヘンリ7世となった。テューダー朝の始まりである。彼は疲弊した国の財政安定と王権強化に努め、テューダー朝安定の基盤をつくりあげた。

百年戦争の結末

イングランド王国
カレー（英領）

フランス王国

ボルドー ● ✗ カスティヨンの戦い
(1453)

百年戦争終結時

ヘンリ6世代、仏オルレアン解放から戦況は一変、フランスは英大陸領を奪回していき、終戦時、大陸の英領はカレーを残すのみ。のち英仏とも国王による統一が進んだ。

ランカスター家とヨーク家

エドワード3世 (位1327～77)
├ ジョン
├ エドマンド
└ エドワード (黒太子)
　　　　　　　　　　　ランカスター朝
①ヘンリ4世 (位1399～1413)
│
②ヘンリ5世 (位1413～22)━カトリーヌ ●
│
③ヘンリ6世 (位1422～61,70～71)

④エドワード4世 (位1461～70,71～83)
├ ⑤エドワード5世 (位1483)
└ ⑥リチャード3世 (位1483～85)
　ヨーク朝
└ エリザベス══ヘンリ7世 (位1485～1509)

百年戦争に敗北 イングランドは西欧の弱小国へ

　百年戦争前夜、ヨーロッパ有数の毛織物産業地帯フランドル地方をめぐり英仏の間には積年の対立があった。さらに、英仏の争いを調停してきた教皇は南仏アヴィニョンに幽閉されており（1309～77）、調停も期待できないなか始まったのが百年戦争だった。緒戦の英優位は、フランス軍が連射に時間がかかる弩を使ったのに対し、英軍が速い連射が可能な長弓を用いたためともされる。大陸に英領カレーのみを残し、フランスは大勝した。

　百年戦争に勝った仏ルイ11世はすばやく国力を回復、所領を拡大し王権を強化した。一方イングランドは戦争終結からわずか2年後にバラ戦争に突入、さらに国力を浪費し西欧の弱小国となった。のち西欧史は神聖ローマ帝国と仏ヴァロア家の対立を軸とする。イングランドが王権強化に邁進するには、ヘンリ7世を待たなければならなかった。

　戦況逆転に貢献したジャンヌダルクについては近年新たな見方がある。従来の「救国の乙女」という見方に加え、「越境する存在」としてのジャンヌ像が注目されているというのである。すなわち女性にして男性の服装を身にまとい、平民にして貴族を従え、未婚で大人と子どもの間にある存在で、当時魔女として焚刑に処され1920年には聖女と認定されるといった境界の曖昧さをもつ、ということのようだ。

Chapter

2

歴史2

近代の夜明け

テューダー朝で英国は強国に勝ち巧みな外交を展開する。
しかし偉大な女王統治ののちに革命が起き、議会制と王権制限が進んだ。
ヴィクトリア女王の代、イギリスは帝国主義時代を迎える。

British History
1500 – 1900

1500	1600	1700	1800	1900

テューダー朝（1485〜）

エリザベス一世（〜1603）1558年

ステュアート朝1603年

清教徒革命1642年

名誉革命1688年

ハノーヴァー朝（〜1901）1714年

ヴィクトリア女王（〜1901）1837年

帝国主義時代

◆1509年
◆ヘンリ8世（〜47）

◆1534年 国王至上法＝イングランド国教会が成立

◆1536年 ウェールズ合併

◆1542年 アイルランド王国 ヘンリ8世がアイルランド王を自称

◆1549年 国教統一令

Ⓐヘンリ8世（位1509〜47）

男子の後継者を産まなかった前妃と離婚しアン・ブーリンと結婚しようとするが教会に認められず、ローマ教会から独立しイングランド国教会を創立。狩猟・恋愛・舞踏・音楽を愛する芸術愛好の「ルネサンス王」である一方、反逆者や臣下、妻さえ処刑する冷酷さももつ。

⚜ イングランド国教会とは ⚜

ヘンリ8世の宗教改革で成立したイングランドの国定教会。1534年首長令によりローマ教会から離脱、次王エドワード6世代にも新教化が進められたが、メアリ1世代に旧教復帰を経て、エリザベス1世の中道策で国教会は安定。

ヘンリ8世が国教会を創立 ウェールズを吸収合併

　独立を維持し財政安定・王権伸張を確立、テューダー朝安定の基盤をつくったヘンリ7世を継いだのが、次王ヘンリ8世だった。彼はスペイン王家出身である王妃キャサリンが男子を産まず、侍女アン・ブーリンと恋に落ちたため離婚・再婚を画策するが、ローマ教皇はこれを認めず彼を破門する。これに対抗し彼は国王至上法（首長令）を発布、イングランドの教会の首長は王であると宣言し、ローマ教会から離脱する。彼はイングランド国教会を創立して離婚・再婚を果たした。しかし、男子を産まなかったアンはのちに姦通罪などを理由に処刑された。ヘンリ8世は修道院解散にも踏み切った。1536年ウェールズをイングランドに吸収合併。彼は再婚を優先、国教会と旧教との違いは不分明だったが、次王エドワード6世代に国教統一令で国教会のプロテスタント化を図った。

◆1553年
メアリ1世 ❸
（〜58）

◆1558年
カレー失地

◆エリザベス1世
（〜1603）

◆1559年
信教統一令

◆1562年
ユグノー戦争
（仏、〜98）

◆1568年
ネーデルラント
独立戦争
（蘭、〜1648）

イングランド・
ルネッサンス

❸メアリ1世（位1553〜58）
イングランド史上初の女王。旧教復帰を
企てて新教徒を弾圧、「血まみれメアリ
（Bloody Mary）」と呼ばれた。

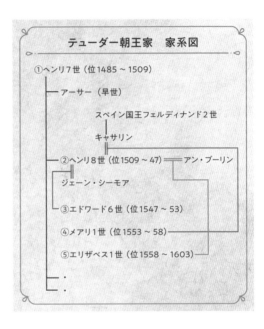

テューダー朝王家　家系図

①ヘンリ7世（位1485〜1509）

├ アーサー（早世）

　スペイン国王フェルディナンド2世

　キャサリン

├②ヘンリ8世（位1509〜47）── アン・ブーリン

　ジェーン・シーモア

├③エドワード6世（位1547〜53）

├④メアリ1世（位1553〜58）

├⑤エリザベス1世（位1558〜1603）

メアリ1世が新教徒を弾圧
民衆は憎み、 新王の登場に期待

　ヘンリ8世がやっと得た男子継承者エド
ワード6世は早世、代わってイングランド
初の女王メアリ1世が即位した。若くして
母と死別、一時は私生児扱いされ辛酸をな
めた彼女を支えたのがカトリックだった。
即位の翌1554年の議会ではローマ教皇庁
への服従を誓い旧教復帰を宣言、のち宗教
改革の推進者や新教信徒らは獄中死・刑死
に追い込まれた。迫害された多くは庶民
だったという。一方、夫であるスペイン王
フェリーペ2世はフランス・アンリ2世と
の抗争に女王を引きずり込む。メアリ1世
はフランスに宣戦布告、夫の負け戦に巻き
込まれ、民衆は女王への憎悪を募らせた。
しかし、この頃インフルエンザが国に蔓延、
女王も罹患し逝去する。民衆にとって幸い
なことに、メアリ1世には子がなかった。
王位はヘンリ8世嫡子の生き残り、エリザ
ベスが引き継いだ。世は新女王に期待した。

1575年　　　　　　　　　　　　　　　　　　1600年

◆エリザベス1世
（1558〜1603）
Ⓐ

◆私掠船（海賊）長
ドレーク世界周航
（〜80）
1577年

◆スペイン無敵艦隊を
破る
1588年

◆16世紀最悪の
凶作（〜97）
1594年

MAP

スコットランド
アイルランド
イングランド
王国
ネーデルラント
カレー
フランス王国
神聖
ローマ
帝国

唯一の大陸領カレーを失う（1558）

メアリ1世が夫のスペイン王フェリーペ2世の対仏抗争に巻き込まれ、最後に残された大陸のイングランド領カレーをフランスに奪われた。

Ⓐ エリザベス1世（位1558〜1603）

前代の旧教復帰を中道路線で改めイングランド国教会を確立、強国スペインをアルマダ海戦で破った。生涯独身で「処女女王」と呼ばれた。

イングランド国教会を確立 強国に勝ち巧みな外交を展開

　エリザベスは幼時より聡明で聞こえ、姉メアリの即位を助けながら姉に反乱加担を疑われ幽閉されるなど、先代に劣らず苦労人だった。弱小国イングランドを継いだ彼女は即位の翌1559年信教統一令を発布、国教会確立への道筋をつける。西欧大国の王・貴族らからの求婚には結婚（同盟）をちらつかせて外交に利用したが、本人は生涯独身を貫いた。「私はイングランドと結婚した」と議会に言明したとされる。スペ

インがネーデルラント独立戦争、フランスがユグノー戦争と宗教戦争に苦しんでいるときは新教勢力に裏から資金・情報を提供、スペイン商船を私掠船長ドレークに襲わせた。1588年フェリーペ2世はスペイン無敵艦隊（アルマダ）を英仏海峡に派遣、イングランドに惨敗する。当時は庶民院の議員数が増え、両院を通った法案は国王（女王）裁可を経て法律になる慣例ができた。

◆1600年　東インド会社

◆1603年　ステュアート朝（～1714）

◆ジェームズ1世 ❷

◆1605年　火薬陰謀事件

◆1618年　30年戦争（～48）

◆1620年　ピルグリム・ファーザーズ新大陸上陸

メアリ・ステュアート（スコットランド女王）
位1542～67年。国内統治に失敗、エリザベス女王暗殺
計画の咎で刑死。息子ジェームズがイングランド王に。

❷ジェームズ1世（位1603～25）／
スコットランド王ジェームズ6世

王権神授説を奉じる哲人王。従来のイングラン
ド祖法遵守を宣誓し臣下に慕われたが、次第に
議会に不信を抱き対立にいたる。

哲人王ジェームズ1世が即位
次第に深まる議会との対立

　エリザベス1世統治末期には凶作・戦
争で国中に貧民があふれたが（1601年
救貧法を制定）、女王は民衆に愛された。
1603年に崩御、血縁関係から次王に指名
されたスコットランド王ジェームズ6世が
イングランド王ジェームズ1世となり、両
国の同君連合が成る。王は同君連合をさら
に進めアイルランドを含めた完全合邦を説
き、王家財政の支援を求めるが議会は応え
ず、王は議会への不信を募らせる。王は6
年半も議会を召集せず、21年に再開する。
庶民院は従来は王の専権事項だった外交・
戦争を「全議員の生得権」と主張、確執は
さらに深まった。18年勃発の30年戦争に
王は介入せず、25年崩御する。当時は独
立自営農ヨーマンや中小地主ジェントリが
勃興、庶民院で政治的な力をつけてきても
いた。時代は変わりつつあった。

1625年 / 1650年

- 1625年 ◆チャールズ1世(〜49) A
- 1628年 ◆権利請願
- 1642年 ◆清教徒革命 B
- 1649年 ◆チャールズ1世処刑

ピルグリム・ファーザーズ

イングランド国教会に反対した分離派が1620年メイフラワー号で北アメリカに渡り、植民地を建設した。17世紀以降、北米にイギリスの植民地が拡大する。

Aチャールズ1世(位1625〜49)

父「平和王」に対し「戦争王」と呼ばれた。議会を軽視、議会に諮らない課税や恣意的な逮捕など専制を行い、1628年に議会から権利請願をつきつけられた。

権利請願とは

●議会の同意なき貸付、上納金、不当な逮捕・投獄、軍隊の民家宿泊強制などを行わないこと

たびたび行った遠征むけ戦費の調達をチャールズ1世は強制貸付や上納金に頼った。王の専制や相次ぐ遠征の失敗に対し、議会が歴史的な国民の権利をもとに王に提出した文書。

王の専制に議会は権利請願 内戦の末に王は刑死

チャールズ1世の専制に対し議会は権利請願を突きつけた。王はいったん承認するも1629年に議会を解散、11年も再開しなかった。王の暴政は続きスコットランドにイングランド国教会の信仰・制度などを押しつけようとした。反発するスコットランドで1638年に暴動が起きると王は遠征を計画、40年に議会を召集する。議会は当然反発した。この間にスコットランド軍は南進し北部ニューカースルを占拠、王が停戦をもちかけると撤兵の代わりに莫大な賠償金が要求された。再び王は議会を召集するが、むしろ対立は深化、王は42年ついに兵を率いて庶民院に乗り込み内戦に突入する。庶民院のクロムウェルが新軍編成、攻勢に転じると46年国王軍は降伏した(清教徒革命)。49年、裁判で国王に死刑が宣告され、王は斬首刑に処された。

共和政期（1649-1660）、ステュアート朝（1603-1714）

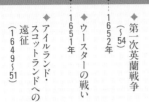

1650年 ▼　　　　　　　　　　　　　　　　1675年 ▼

- ◆ アイルランド・スコットランドへの遠征（1649〜51）
- ◆ 1651年
- ◆ ウースターの戦い
- ◆ 1652年
- ◆ 第一次英蘭戦争（〜54）
- ◆ 1660年
- ◆ 王政復古 チャールズ2世（〜85）**C**
- ◆ 1665年
- ◆ 第二次英蘭戦争（〜67）
- ◆ ペスト流行
- ◆ 1666年
- ◆ ロンドン大火

B オリヴァー・クロムウェル

清教徒革命を指導、国王軍を破った。1649年チャールズ1世を斬首、53年から護国卿、軍事独裁。オランダ海軍に勝ち英海上覇権の基盤を固めた。

C チャールズ2世（位1660〜85）

清教徒革命で亡命、クロムウェル死後に軍・議会の対立が激化し共和政が崩壊すると60年ブレダ宣言を発し王政復古、同年即位。治政初期は非国教徒を弾圧した。

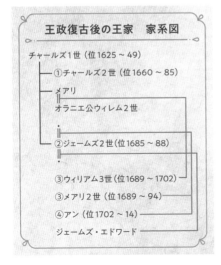

王政復古後の王家　家系図

チャールズ1世（位1625〜49）
- ① チャールズ2世（位1660〜85）
- メアリ
- オラニエ公ウィレム2世
- ② ジェームズ2世（位1685〜88）
- ③ ウィリアム3世（位1689〜1702）
- ③ メアリ2世（位1689〜94）
- ④ アン（位1702〜14）
- ジェームズ・エドワード

共和政成立も軍事独裁へ クロムウェル死後に王政復古

「王殺し（レジサイド）」を成した残部議会は49年に共和政を宣言、一方で前王の処刑にスコットランド・アイルランドは怒り前王長男チャールズを三国の王と認めた。クロムウェルは両国に遠征、完膚なきまで叩きのめす。53年クロムウェルは三国の護国卿となり、軍事独裁色を強めた。内憂外患のなか58年クロムウェルは急死、死後体制は揺らいだ。チャールズ（2世）の介入に議会も呼応、王政復古が実現した。

清教徒革命と名誉革命

次第に成長する市民階級、独特な宗教問題が前提に

　清教徒革命と名誉革命を総称してイギリス革命と呼ぶ。イギリス革命を通じ、ステュアート朝がめざした絶対王制は崩れ、議会主権にもとづく立憲王制が確立される。まず革命が起きた前提を整理してみよう。

　17世紀、西欧各国は海外植民地の獲得を争った。1600年にまずイギリスが東インド会社を設立、02年にオランダ、04年にフランスが同名の会社をつくり、海外貿易を独占させる。国の発展に強く必要とされた海外植民地を得るため、各国は西欧、アメリカ、アジアでも争ったのである。イギリスでは1620年に清教徒を乗せたメイフラワー号が北米東岸に達し、その後も中米などに植民地を拡大する。エリザベス1世代には基幹産業である毛織物の市場確保のためスペインに対抗、アルマダ海戦に勝利した。とはいえこれでイギリスが海上覇権を得るまでには至っていない。毛織物は当時台頭してきたヨーマン（独立自営農）が副業で生産してもおり、同時にジェントリ（中小地主）が各州統監や地方判事を無給で務め、地方行政に加え、中央の庶民院でも発言権を強めた。

　加えてイギリス独自の宗教問題も前提にある。ヘンリ8世のイングランド国教会創立ののちエリザベス1世が国教会を確立、

クロムウェル
議会の主導権を握り清教徒革命を導いた。自ら鉄騎兵を率いて各地で戦勝、のち議会軍がニューモデル軍に改組されると副司令として国王軍にとどめをさした。

これに清教徒や旧教徒が対抗した。国教会への信従を強制し清教徒聖職者を追放、外交・課税などを独断専行したジェームズ1世に対抗する議会がよりどころにしたのはコモンロー（慣習法）だった。かくして清教徒革命前夜、清教徒（ピューリタン）、ジェントリ、コモンロー専門家の3者が協力し、議会を中心に王権に挑戦することになる。王に不満をもつ清教徒のうち国を離れ北米に渡ったのが、メイフラワー号に乗るピルグリム・ファーザーズだった。

　次王チャールズ1世代、王・議会間の緊張はさらに高まる。議会は28年に権利請願を可決、これはマグナカルタなどの祖法により国民が歴史的にもつ権利にもとづき、王の行った議会の同意を得ない課税、不当な逮捕・投獄などを抑制しようとするものだった。王は議会を解散、11年も議会不在が続いた。

　もうひとつ革命の前提にあるのが、西欧

で広く行われた異なる国の王・貴族の間の結婚（同盟）を含めた王家の血縁関係だろう。ジェームズ1世はスコットランド王でもあったし、チャールズ1世はフランス王アンリ4世の娘と結婚、その直系メアリと蘭オラニエ公との間に生まれたのが、のちイングランド王ウィリアム3世になるウィレムである。王家の複雑な血縁関係はときに国家間の戦争を呼び、王位を争う原因ともなった。

二大政党制の萌芽
王に対する議会優位が確立

さてクロムウェル死後には貴族院・庶民院の二院制が復活した。両革命の間にはトーリ党・ホイッグ党ができ、のちイギリスで300年以上つづく二大政党制の萌芽となる。革命期を通じ、イギリス議会制度は着々と進展したのである。では、イギリス革命の成果をまとめてみよう。

名誉革命で、議会がウィレムと妻メアリ即位の条件とした権利宣言を、革命後89年に議会が立法化したのが権利章典だ。これは聖俗貴族や市民が歴史的にもつ権利・自由を確認し、王に対する議会の優位を確

オラニエ公 ウィレム＝ウィリアム3世

即位後イングランド王ウィリアム3世（位1689〜1702）。仏ルイ14世に他列強と対抗、膨張する戦費はイングランド銀行と同行が請け負う国債により調達。

立、プロテスタントの権利と正統性を認めるもの。ここに王と議会の抗争は原理的に解消し、従来の君主こそが唯一の法の創造者であるという考え方を改め、歴代諸王が継承した祖法が君主だけでなく王と議会の法となった。さらに王は議会の同意なく徴税できなくなり、平時の常備軍設置には議会の承認が必要になり、議会内の言説については法廷やいかなる場所でも弾劾・疑義の対象にしてはならないという「言論の自由」が認められた。加えて89年以降は、それまで王が召集する行事だった議会が毎年開催される制度になる。議会優位のもと立憲王政が確立したのである。前王ジェームズ2世の専横への反省から王の収入と支出を厳しく制限、98年からは議会の承認に基づく「王室費」を導入、王室財政を議会の厳しい監視下に置いた。

もうひとつの革命の成果が外交だ。従来イングランドは大陸の強国と個別に同盟する「相互保障」により自国防衛に専心した。これを、西欧国際政治の主役国のひとつオランダから来た王が一新する。当時、西欧ではルイ14世のフランスが急速に強大化していた。周辺国がその伸張を防がなければ手遅れになる。ここにオランダから来たウィリアム3世は「勢力均衡（バランス・オブ・パワー）」概念をイギリス外交にもたらした。他列強とともにルイ14世を封じ込めなければならない。そう強く主張し、フランスとドイツ諸国との戦争、スペイン王位継承戦争に、王主導のもと他列強とともに参戦した。この勢力均衡策は、イギリス近代史、帝国主義時代を通じ、イギリス外交政策の主軸となった。

1675年　　　　　　　　　　　　　　　　　　　　　　　1700年

◆信仰自由宣言
1672年

◆審査法
1673年

◆信仰自由宣言
1687・88年

◆ジェームズ2世 Ⓐ
（〜88）
1685年

◆ジェームズ2世
1685年

◆信仰自由宣言
1687・88年

◆名誉革命 Ⓑ
（〜89）
1688年

◆ウィリアム3世
（〜1702）
1689年

◆メアリ2世
（〜94）

◆権利章典

◆イングランド銀行
設立
1694年

Ⓐ ジェームズ2世（位1685 〜 88）
兼スコットランド王ジェームズ7世。密かに旧教に改宗、85年に即位するが旧教復活を目的に信仰自由宣言を強制、88年の名誉革命を招きフランスに亡命した。

Ⓑ 名誉革命（1688 〜 89）
オランダ総督ウィレムがイングランド議会と結託、国王軍と戦うことなくジェームズ2世退位を実現した政変。権利章典により議会は毎年開催される制度となった。

相次ぐ王らの宗教問題
名誉革命で議会制度が強化

　チャールズ2世は議会と良好な関係を保ち第2次英蘭戦争など国難を乗り切った。英蘭戦争は海軍増強につながり、のち世界最強の海軍に成長する。しかし王は宗教問題で躓（つまず）く。旧教復帰を試みたため議会はこれに対抗、1673年審査法で官吏要職を国教徒に限るとした。この時期、王位継承問題を巡り議会はトーリ党・ホイッグ党の政党にわかれ、のち19世紀の保守党・自由党につながっていく。政党政治の起源である。

　次王ジェームズ2世も当初は議会を重視したが専制化、旧教復帰を試みる。王の専横にトーリ・ホイッグ両党は密かにオランダ総督のウィレムと結託した。ウィレムは王の長女メアリの夫でプロテスタントだった。議会は国軍を掌握、ウィレムが精鋭軍を率い上陸するとジェームズは不利を悟り逃亡した。名誉革命である。ウィレムはウィリアム3世、妻メアリがメアリ2世となり、イングランドを共同統治した。議会は王権を制限したが、外交だけはウィリアム3世が主導的となった。イングランド外交に「勢力均衡」概念を導入したのである。

ステュアート朝（1603-1714）　　　ハノーヴァー朝（1714-1901）

1700年　　　　　　　　　　　　　　　　　　　　　　1725年

1701年
スペイン継承戦争（〜14）**C**
1702年
アン女王（〜14）
1707年
スコットランド合邦 **D**
1713年
ユトレヒト条約
1714年
ハノーヴァー朝
1715年
ジャコバイトの反乱
1720年
南海泡沫事件
1721年
ウォルポール内閣（〜42）

C スペイン継承戦争
スペイン王位継承をめぐり仏西と英墺蘭の間に起こった戦争。1713年のユトレヒト条約によりフランス退潮とイギリス海上覇権の確立をもたらした。

B MAP

スコットランド
（1707合邦）

・エディンバラ

アイルランド
（1801併合）

グレート・ブリテン王国

・ダブリン

イングランド

ロンドン・

D スコットランド合邦
アン女王とイングランド有力者は同君連合の関係にあったスコットランド合邦を進め1707年に成就、グレート・ブリテン王国が成立した。

スコットランド合邦を成就
ウォルポールが初の首相に

　ウィリアム3世と、妻メアリの妹で後継者となるアンには世継ぎがなかった。そこでウィリアム3世は議会に諮りジェームズ1世の長女エリザベスとプファルツ伯の娘ゾフィーへの王位継承を決めた。一方スコットランドではジェームズ2世の遺児ジェームズを王に推そうとする動きがあった。合邦に反対しジェームズを擁立する人々はジャコバイト（ジェームズ派）と呼ばれ、のちもイギリス政治史に登場する。アンはゾフィーへの継承を進めるためにも

合邦策を進めた。根回しは奏功し、ついに1707年、同君連合スコットランドの合邦がなる。単一の国であるグレート・ブリテン王国の誕生だ。アンの死後は議会制定法により遠縁のハノーファー選帝侯ゲオルクが国王に迎えられジョージ1世となる。行政府にも変化が訪れた。従来王の諮問機関だった枢密院は、大臣の集合である内閣評議会となり諮問機関として定着していった。新王朝で内閣の中核を占めたのがホイッグ党である。21年には南海泡沫事件を巧みに処理したホイッグ党指導者のウォルポールが、実質的に初代首相となった。

ハノーヴァー朝（1714-1901）

1725年　　　　　　　　　　　　　　　　　　　　　1750年

◆ウォルポール内閣
（21〜42）

◆オーストリア継承戦争（〜48）
1740年

◆ジャコバイトの反乱
1745年

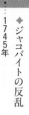

ハノーヴァー朝 初期家系図

エリザベス ═══ フリードリヒ5世
（プファルツ伯爵選帝侯）

ソフィー ═══ エルンスト・アウグスト
（ハノーファー選帝侯）

①ジョージ1世（位1714〜27）

②ジョージ2世（位1727〜60）

フレデリック

③ジョージ3世（位1760〜1820）

南海会社

1711年設立。投機熱のなか多額の国債と引き換えにスペイン領アメリカとの貿易を独占、株価は高騰するが利益の根拠が疑われてのち暴落、多くの破産者を生んだ。

王父子は英内政に無関心 「ウォルポールの平和」が実現

　ハノーヴァー朝の開祖ジョージ1世、次王ジョージ2世とも祖国ハノーファーの防衛・拡張に執心し、イギリス内政には関心が薄かった。ウォルポール首相にとっては好都合である。王父子は政治全般をウォルポールに一任、彼は21年もの長期にわたり政権を運営し、この記録は今なお破られていない。平和外交を進め、財政の健全化に尽力、この時代は後世「ウォルポールの平和（パクス・ウォルポリアーナ）」と呼ばれるようになる。

　「首相（プライム・ミニスター）」が定着するのも彼の時代である。ウォルポールの前代、1718年頃から王は閣議に出席しなくなり、代わりに閣議の議長を務める首相が登場していた。ウォルポールの代に首相職は不可欠となり、彼が就いていた第一大蔵卿が首相の任に当たるようになる。第一大蔵卿ウォルポールが庶民院にいたことで、特に財政での庶民院の発言力も増した。42年、ウォルポールは王の信任は得ていたが、議会で安定した支持を得られなくなると辞任した。この後、内閣が王ではなく議会に対して責任を負う、という責任内閣制（議院内閣制）が徐々に形成されていく。

ハノーヴァー朝(1714-1901)

1750年　　　　　　　　　　　　　　　　　　　1800年

◆1756年
7年戦争(～63)　Ⓐ

◆1769年
ワット、蒸気機関を実現　Ⓑ

◆1773年
ボストン茶会事件

◆1775年
英米開戦

◆1776年
米合衆国独立宣言

◆1785年
カートライト、力織機発明

◆1789年
フランス大革命

Ⓐフレンチ＆インディアン戦争　北米での戦い

ヨーロッパ大陸での7年戦争の一環。英仏の植民地争いを決する最後の戦争となり、新大陸のフランス領を奪い、新大陸でのイギリス覇権を決定づけた。

Ⓑワットの蒸気機関

イギリス人技術者のワットは蒸気圧力でピストンを押す蒸気機関を発明、改良を重ねて実用化に成功した。イギリス産業革命を推進する画期的な発明となった。

Chapter 2

歴史2 近代の夜明け

対仏植民地抗争に勝利、世界帝国を築くも内外に混迷

　1756年にプロイセン・オーストリア間で7年戦争が始まり、植民地をめぐり長い間続いてきた英仏の対立と連結していく。折しも北米で英仏の抗争が激化、フレンチ＆インディアン戦争が勃発してイギリスが勝利した。7年戦争の終結時に結ばれた63年のパリ条約では、イギリスはフランスから北米の広大な領土、インドの多くの拠点を奪い、スペインからは東フロリダを得て新大陸とインドでの覇権を確立、世界帝国を形成することになる。一方で北米での勝利後イギリスは北米植民地での課税を強化、アメリカ合衆国の独立を許す道を拓いた。国内では蒸気機関の発明などでイギリス産業革命がおこり、60年「愛国王」ジョージ3世の即位・親政のなかホイッグ党優位が終焉を告げる。同時に中世からの選挙区割りが工業人口・都市人口の増加の実態に見合わなくなり、王は議会外での選挙制度改革・議会改革への要望に直面した。国内がゆれるなか、89年にフランス大革命が起きて西欧に激震が走る。

ウォルポール内閣

覇権争いの鬼っ子、バブルが弾け 下野していたウォルポールが復帰

建築開始から20年余り、ヴェルサイユ宮殿に太陽王と呼ばれたフランス王ルイ14世と政府機関がパリから移ったのは1682年のこと。自ら庭園工事に指示を出したルイ14世は、のちに西欧各国の宮殿が範とする宮殿の威容と絢爛豪華な装飾に満足げだった。王の威光、いまや絶頂を極めるフランス絶対王制の象徴が、この宮殿だ。

17世紀、西欧各国は貿易の権益をめぐり世界各地で植民地を争った。英仏は北米と東インドで激しく対立していた。ルイ14世は貿易覇権をめざし、一連の侵略戦争を各国に仕掛ける。しかし太陽は沈み始めた。なかでもスペイン・フランスと、イギリス・オランダ・オーストリアが争った1701～14年のスペイン継承戦争終戦の講和条約で、イギリスは北米にあった多くのフランス領を割譲させてカナダ支配の地保を固め、スペインからはジブラルタルを得て地中海の戦略的要衝に拠点を確保した。ここに海上覇権のイギリス優位が決定づけられる。一方で当の講和条約がイギリスに認めた、スペイン領中南米植民地（南海地方）の奴隷貿易権＝アシエントは、思いがけない影響をイギリスに与えることにもなった。

1720年の冬、イギリスに多くの破産者

ウォルポール（任1721～42）
長期の平和を実現する一方、トーリ党員や自党ホイッグ反対派も容赦なく追放、選挙での大がかりな買収、皇太子妃への賄賂・追従など清濁併せ呑み政権を維持した。

が生まれた。国債軽減のため設立された南海会社が、多額の国債引き受けと引き換えに奴隷貿易＝アシエントの独占権を得て株価が最大10倍にまで高騰したのち、利益の根拠が疑われると一気に大暴落したからだ。南海泡沫事件である。同社と英政府高官らの収賄関係が露見して高官らの責任が追及され、政権は揺らいだ。

ここに登場したのがロバート・ウォルポールである。彼は前政権で戦争に反対し政治から身を引いていた。前政権の多くの有力者らが南海泡沫事件で収賄に関わって失脚するのに伴い、翌21年、第一大蔵卿として政権に返り咲いたのである。彼は公的資金の投入などでバブルの後始末を巧み

ジョージ1世
(位 1714 ～ 27)

ハノーヴァー朝開祖。ホイッグが党をあげてハノーヴァー家の王位継承を推進、同王代に庶民院でのホイッグ優位が進み、議員の多くは富裕な地主貴族であった。

ジョージ2世
(位 1727 ～ 60)

ジョージ1世の子。父王に引き続き政権運営したウォルポールや次期首相らの政治指導を受け、フランスとの商業覇権や植民地をめぐる戦いを有利に進めた。

に進めた。イギリス経済の窮地を救ったことで、前政権での戦争反対によって失っていた王の信頼を勝ち取ることにも成功する。イギリス史上まれに見る長期政権の基盤が着々とつくりあげられた。

戦争回避で財政を安定
消費税導入失敗で広がる暗雲

　ウォルポールの基本政策は、対外的には戦争回避により財政負担を減らし、国内的には国教会優位のもと非国教徒に寛容にあたり宗派・党派対立を避けるというものだった。この間イギリスはほぼ対外戦争を行わず、国内外の安定的な平和が導かれた。
　同時に王と議会による支持にも配慮した。前王ジョージ1世代には王の意に沿わない戦争反対で嫌われたが、27年ジョージ2世が即位すると王室費を大幅に上乗せした。父王と同じく2世王が内政に無関心だったことも好都合だった。
　一方で議会の支持獲得には難渋する。彼はホイッグ党優位時代の政治家だが、当時、庶民院議員の多くはホイッグ・トーリいず

れにも属さない独立派だった。その支持を得るため、彼らの多くが地主貴族であることから土地税を減税した。代わりに消費税を導入しようとして議会内外の反発が高まり失敗、これがウォルポール失脚の第一歩となる。加えて39年にスペインと開戦、継承問題をめぐるプロイセン・オーストリア間の戦争（40～48年）にもオーストリア側での参戦を余儀なくされた。戦争回避による財政安定は過去のものとなった。翌41年の総選挙で与党ホイッグは惨敗、庶民院での勢力は大幅に減退した。42年、議会からの信任を重視したウォルポールは辞任する。とはいえ引退後も隠然と影響力を発揮し、次期政権を裏で支えもした。
　18世紀は英仏の対立が西欧国際関係の基軸をなした時代でもあった。戦争の規模は拡大し、イギリスでこれを支えたのは官僚機構の整備、土地税から消費税・関税への主たる税収の変化、それに国債だった。イングランド銀行が大量の国債発行を引きうけ戦費を調達、イギリスは財政＝軍事国家としてフランスを凌駕するようになっていた。

1800年　　　　　　　　　　　　　　　　　　　　　　　　　　　1856年

◆1801年 アイルランド併合

◆1814年 ナポレオン退位 Ⓐ

スチーヴンソン、蒸気機関車試運転 ウィーン会議 → ナポレオン退位 Ⓐ

◆1837年 ヴィクトリア女王（～1901）Ⓑ

◆1840年 アヘン戦争（～42）

◆1846年 穀物法廃止

Ⓐ ナポレオン退位、 セントヘレナのナポレオン

フランス革命で頭角を現し第一帝政を樹立、 各国を征服したがロシア遠征失敗などから1814年退位。 ワーテルローで破れ、 セントヘレナ島に流され没した。

革命の大激震ののち進む改革 そして帝国は黄金時代へ

革命にプロイセンとオーストリアが介入しフランス革命戦争へと発展、イギリスも対仏宣戦布告した。片や歴史的に親交が深く同じカトリックのフランス・アイルランドが結託する怖れからイギリスはアイルランド合邦を企図、1801年に実現した。大陸ではナポレオンが登場、各国を征服するが結果敗北、流刑先で没する。ルイ14世の野心からナポレオン敗北までを「長い18世紀」（1688～1815）と呼び、この戦争の世紀に勝利したのはイギリスだった。いまや西欧の弱小国から最強国になり、政党政治、首相権限の強化、庶民院優位を確立、産業革命による工業化も果たす。ただ戦後すぐの凶作・不況などで労働者のスト・暴動が広がり、商工業の発展もあり従

Ⓑ ヴィクトリア女王 （位1837～1901）

治政下「世界の工場」イギリス・帝国主義イギリスの盛期を迎え、夫婦とも国民の敬愛を受けた。夫アルバートの尽力で51年ロンドン万博が開催された。

来からの選挙制度・議会改革への要求に加え、旧教解放も求められた。まず旧教復権はなったが選挙法改革法案は貴族院が否決、全国で暴動が起き、最終的に選挙・議会改革、労働条件改善、救貧法など改革は進んだ。そしてヴィクトリア女王代、帝国は黄金時代を迎える。

1850年　　　　　　　　　　　　　　　　　　　　　　　　　1875年

イギリス好況

1851年
ロンドン万博

1856年
アロー号戦争
（〜60）

清朝交易拡大

1858年
インド直轄支配

1867年
第2次選挙法改正

1869年
スエズ運河開通

1871年
労働組合法

● ロンドン万国博覧会（1851年）

5カ月で600万人以上が入場した。ガラスと鉄筋を素材に技術の粋を結集した主建築は水晶宮と呼ばれ、会場全体でイギリスの経済力・技術を華々しく披露した。

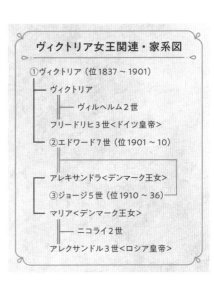

ヴィクトリア女王関連・家系図

①ヴィクトリア（位1837〜1901）

ヴィクトリア

ヴィルヘルム2世

フリードリヒ3世〈ドイツ皇帝〉

②エドワード7世（位1901〜10）

アレキサンドラ〈デンマーク王女〉

③ジョージ5世（位1910〜36）

マリア〈デンマーク王女〉

ニコライ2世

アレクサンドル3世〈ロシア皇帝〉

困苦を超え50年代から黄金時代 選挙改革で新有権者らの声が反映

　華々しい戴冠式と裏腹に、ヴィクトリア即位直後は貿易不振・インフレ・賃下げ・凶作が重なり「飢餓の40年代」となった。トーリから改称した保守党が議会過半数を占めると、政権は税制改革や地主貴族を利した穀物法の廃止など諸改革を進める。これらが結実、50年代に帝国の黄金時代は始まり、ロンドン万博がその幕開けを告げた。アロー号戦争などで清朝との交易を拡大、58年からはインドを直轄支配化、ムガール帝国は滅びた。59年にはホイッグなどの党派が結集した自由党が結成され、67年にはダービー保守政権が第二次選挙法改正で工場労働者まで選挙権を拡大した。しかし、改正後初の総選挙では野党グラッドストン自由党が勝利する。新有権者たちは、当時多く読まれるようになった新聞・雑誌をもとに国政に関心を寄せ、初めて有権者の声が反映された政権交代が実現したのである。これを受け両党は全国的組織化を進め、本格的な二大政党制へと進展していく。グラッドストンは数々の改革を進めた。国家公務員試験導入、将校への実力主義導入、初等教育法の成立、秘密投票制度の導入、選挙腐敗の防止などだ。中産階級や労働者の声が政治にますます反映されるようになり、大衆民主制が成熟していった。

パクス・ブリタニカ

自由貿易の名の下に通商を迫る「自由貿易帝国主義」を進める

　近現代を通じ、世界の海上覇権はポルトガル・スペインからオランダへ、18世紀半ばから第一次世界大戦まではイギリス、のちにアメリカへと移っていった。

　19世紀半ば、イギリスでは「自由貿易」重視の経済志向が世を席巻する。いわく、自由貿易によって世界中の安い商品が手に入り、これは経済効率の利点に加え、互恵的な通商条約により国際平和にもつながる、というのである。しかし、これは圧倒的な工業力・技術力をもつ強者のみに許される論理で、他の国々にとって自由貿易の名の下に不平等条約をつきつけられることは、押しつけ以外の何物でもない。今日ではこの自由貿易はそのまま帝国主義につながるものととらえるのが定説となっているようだ。

ビスマルク
1862年からプロイセン首相。軍備を増強し普墺戦争・普仏戦争に勝利、71年にドイツを統一、帝国初代宰相に。ヨーロッパ外交の主導権を握った。鉄血宰相。

　「帝国主義」という言葉が使用され始めたのは1870年代のイギリスだった。近年では、植民地を直接本国の支配体制に組み込み直轄化するしかたを「公式帝国主義」、これに対して重要拠点を除き地域の直接支配を避け、当地の支配体制を利用しつつ経済的に浸透し、間接的な影響力を保つしかたを「非公式帝国主義」と呼ぶ。イギリスの場合、「可能な限り非公式で、必要なら公式で」という「自由貿易帝国主義」が、19世紀半ばの海外政策の主流であったとされる。まさにパクス・ブリタニカ全盛期のことだ。

　18世紀末に西欧を震撼させたフランス革命・ナポレオンののち、ヨーロッパの国際安全保障を担ったのはウィーン体制だった。この体制によるヨーロッパの平和は、19世紀半ばクリミア戦争で覆る。フランス第二帝政の皇帝ナポレオン3世がオスマン帝国と条約を結び、これがロシアを刺激した。53年にロシアとオスマン帝国が開戦、54年にロシアが地中海進出を試みると、これを嫌う英仏も参戦し戦争は国際化する。56年に終戦を迎えるが、イギリスの海軍は世界最強でも陸軍は脆弱であると西欧に知らしめた。60年代には西欧で戦争や動乱が相次ぎ、プロイセンが普墺戦争・普仏戦争に勝利するとウィーン体制は瓦解、のち70年代以降はドイツ主導の「ビスマルク体制」が西欧の平和を担う。

ヴィクトリア治下 イギリス帝国 （1901年頃）

イギリスの繁栄を象徴したヴィクトリア女王の崩御が1901年。帝国維持のコスト軽減は常に課題だったが、19世紀後半に印中に対する支配「公式」化は進んだ。実際はそののちも帝国版図は拡大するが、南ア戦争に象徴されるような国力低下が目に付くようになる。のち白人入植地は内政自治を認める自治領に格上げ、コスト削減を担った。

地図中のラベル:
カナダ、イギリス、キプロス、ビルマ、香港、バミューダ諸島、エジプト、スーダン、インド、北ボルネオ、英領ホンジュラス、ガンビア、ケニア、セイロン、ニューギニア、シエラレオネ、ソマリランド、マラヤ、ゴールドコースト、サラワク、ナイジェリア、ローデシア、オーストラリア、英領ガイアナ、南アフリカ、フォークランド諸島、ニュージーランド

帝国支配拡大の関心はアジアに 次第に国力に限界、帝国の威光に影

ただこの間、イギリスの関心はヨーロッパ外の世界へ、英仏植民地抗争に勝利した後は特に、アジアに向かっていたのである。中国ではアヘン戦争（1840〜42）に勝利して香港が割譲され、広州・上海などが開港、アロー号戦争（1856〜60）ではさらなる開港と北京在外公館の設置を決めた。中国は2度の戦争に負けて不平等な通商条約を結び、英支配の「公式」化へ向かったと考えられている。日本が黒船来航を機にイギリスと和親条約・修好通商条約を結ぶのも19世紀半ば。両条約はこの時点では治外法権・領事裁判権譲歩・財政自治権不備といった不平等条約だった。

インドでは、東インド会社による間接統治から直轄支配に切り替えられた。必要に応じた「公式」化である。インド大反乱（1857〜59）を鎮圧、77年にはインド帝国が成立し、ヴィクトリア女王が皇帝を称した。帝国中インドの重要性は、当時の政策・経済状況を見れば明らかだ。本国にインド省が設置され、現地で女王の名代として総督が統治にあたった。海外投資の20%をインドが占め、イギリス製品の重要な輸出先でもあった。ならば本国からインドへの航路防衛も重要課題となる。スエズ運河株買収（75年）やエジプト占領（82年）も、本国からインドへのルート掌握を確実にする面をもっていた。

パクス・ブリタニカの最盛期もすぎた19世紀の暮れ、アフリカ南部にあったブール人国家の支配を目論んで起こした南ア戦争は当初の予想に反して長引き苦戦（1899〜1902）、巨額の戦費と大量の兵力をつぎ込んでやっと勝利するが、各国から批判された。同時期には中国の義和団戦争にも出兵（1900）している。しかし介入した連合国の主役はイギリスではなく日本とロシア。大英帝国の拡大は、往時の勢いを失い始めているようだった。

写真で見る
イギリスの世界遺産 ②

行ってみたい! イギリスの世界遺産を紹介!

12 複合遺産（自然遺産と文化遺産）セント・キルダ群島、13 自然遺産ヘンダーソン島、14 エディンバラの旧市街と新市街。写真は新旧市街を結ぶノース・ブリッジ、15 自然遺産ゴフ島とイナクセシブル島、16 ロンドン塔、17 自然遺産ドーセットと東デヴォン海岸、18 ブレナヴォン産業景観、19 マリタイム（海事都市）グリニッジ、20 バミューダの歴史都市セント・ジョージと関連要塞群、21 オークニー諸島の新石器時代遺跡中心地、22 近代工業産業の幕開け、ダーウェント峡谷の工場群

ロンドン

1875年　　　　　　　　　　　　　　　　　　　　　　　　1900年

◆1875年
スエズ運河株買収

◆1877年
インド帝国

◆ロシア・トルコ戦争
（〜78）

◆1882年
エジプト占領

◆1884年
第3次選挙法改正

◆1889年
一般労働組合
（〜90・労働運動）

◆南アフリカ会社 Ⓐ

◆1893年
独立労働党組織 Ⓑ

後の労働党に

◆1898年
ファショダ事件

◆1899年
南アフリカ戦争

Ⓐ セシル・ローズ

アフリカで鉱山業に成功、1891年にはダイヤモンド生産の90%を支配。89年から南アフリカ会社を通じ南ア地方を攻略、90年からケープ植民地首相。

Ⓑ 独立労働党の指導者ケア・ハーディ

10歳から炭鉱で働く。組合活動を行い、スコットランド労働党、93年の独立労働党、1900年の労働代表委員会設立を指導。06年、初代労働党党首。

大衆政治・労働運動が進展
イギリス帝国主義は下り坂に

　19世紀半ば、イギリスはインドなど広大な植民地を支配、圧倒的工業力と強大な海軍力でアジアでも拠点を拡大していった。60年代後半からはグラッドストン自由党とディズレーリ保守党が交替で政権を担い、1875年ディズレーリは財政難のエジプトからスエズ運河株を買収し運河を支配、77年にインド帝国成立、ロシア・トルコ戦争（77〜78）ではロシアの地中海進出を阻止しキプロス島を獲得した。グラッ

ドストンも82年にエジプトを占領、インド航路の安全を確立した。内政では80年代に初等教育の義務化・無償化、第3次選挙法改正等で都市議席の配分を増やした。80〜90年代には労働運動・社会主義者の活動が活発化、93年に独立労働党が結成される。アフリカでは植民地分割が完了、99年南アフリカ戦争での苦戦と、イギリス帝国主義は斜陽を迎えつつあった。

Chapter 3

歴史3

現代　大戦へ、その後

世界を制した大英帝国は、ヴィクトリア女王の崩御とともに
かげりを見せ始めた。列強のパワーバランスは大きく変化して
二つの世界大戦へ発展し、冷戦後の21世紀はテロの時代が訪れる。

British History

ハノーヴァー朝（1714~1901）、サックス・コーバーグ・ゴータ朝（1901~1917）、ウィンザー朝（1917~現在）

1900　　　　　　　　　　　　　　　　　2000

- ヴィクトリア女王（在位1837~1901）
- 日英同盟 1902年
- 南アフリカ連邦成立 1910年
- 第一次世界大戦（1914~1918）
- 世界恐慌 1929年
- 第二次世界大戦（1939~1945）
- NATO発足 1949年
- エリザベス2世（在位1952~2022）
- ポンド危機 1960年
- サッチャー政権（1979~1990）
- ベルリンの壁崩壊 1989年
- アフガニスタン紛争 2001年
- ロンドン同時爆弾テロ 2005年
- ロンドン銀行間取引金利（LIBOR）不正操作事件 2012年
- ブレグジット国民投票 2016年
- 新型コロナウイルス・パンデミック 2020年

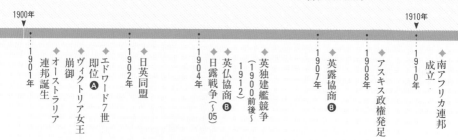

1900年 ▼　1910年 ▼

- 1901年　オーストラリア連邦誕生
- ヴィクトリア女王崩御
- エドワード7世即位Ⓐ
- 1902年　日英同盟
- 1904年　英仏協商Ⓑ
- 日露戦争（〜05）Ⓑ
- 英独建艦競争（1900前後〜1912）
- 1907年　英露協商Ⓑ
- 1908年　アスキス政権発足
- 1910年　南アフリカ連邦成立

Ⓐ エドワード7世（位1901 〜 10）

遊び好きで偉大な女王の不祥の子といわれたが、還暦で王座に就くと積極的な外交政策を展開し、第一次世界大戦前の緊張のなかで束の間の平和をもたらした。

凡例　●＝三国協商　●＝三国同盟

イギリス　ロシア　ドイツ　オーストリア　フランス　イタリア

Ⓑ 三国協商と三国同盟

欧州各国が抱いたアフリカ、アジア、バルカン半島などへの進出の野望が複雑に絡み合い形成された2つのグループ。両者の対立は第一次世界大戦勃発につながっていく。

ヴィクトリア女王の崩御
新国王エドワード7世即位

　世界各地に植民地を作って版図を広げ、大英帝国の黄金時代を築いたヴィクトリア女王は81歳で崩御した。跡を継いだのは放蕩息子といわれながらも、社交的で人から愛される才に恵まれたエドワード7世だった。当時イギリスは繁栄を手にする一方で外交面では孤立していた。それが新国王の登場で一変する。彼はまずフランスを公式訪問して友好関係をアピールし対立を解消、これが長年のライバルである両者を結びつけた英仏協商締結へと後につながる。続いて極東の新興国である日本と日英同盟を締結、さらに中央アジアをめぐり戦ったロシアと和解して英露協商を結んだ。エドワード7世の活躍によりイギリスは孤立から脱し、彼は平和王（ピースメーカー）と呼ばれるようになる。だが甥のヴィルヘルム2世が治めるドイツとの溝は埋まらず、むしろ軍拡競争によって対立が深まった。

1910年

1914年

◆1910年
ジョージ5世
（〜36）

◆1911年
議会法成立 **C**
（議会における下院の
優越が確立）

◆1914年
アイルランド
自治法案通過

◆1914年
サラエボ事件 **D**
（第一次世界大戦勃発）

C アスキス首相
ヨークシャーの衣料品製造業者の子から首
相に昇り詰め、労働者のための福祉政策と
議会法制定に尽力。第一次世界大戦の開
戦に立ち会う。

D サラエボ事件
オーストリア＝ハンガリー二重帝国のフランツ・フェルディ
ナント大公夫妻を暗殺したのは、バルカン半島にスラ
ブ人国家の建設を夢見たセルビア人青年だった。

貴族の力が議会で弱まる 「議会法案」が成立

　孤立を脱したイギリスはドイツに対抗す
るための軍艦新造や、産業革命を経て登場
した労働者層のために老齢年金や国民保険
を導入する動きを見せ、より多くの予算を
必要とした。時のアスキス政権は貴族の負
担を増やす累進課税と新しい土地課税でこ
れを賄う予算案「人民予算」を立てた。貴
族主体の上院は反発して予算案を否決した
が、解散総選挙の末に人民予算が成立。も
はや強い貴族の力は時代に合わないことを
痛感したアスキス政権は、上院の力を制限

する「議会法案」をジョージ5世の協力の
もとで成立させ、イギリス議会はより民主
的なものへと大きく変わった。議会法案の
成立により、たとえ上院が法案を否決して
も、庶民が選出した議員からなる下院を3
会期通過すれば法案は通過することが決
まった。これにより長年実現していなかっ
たアイルランドに自治を認める法案が成
立。工業化が進んだアイルランド北部のア
ルスター地域を除く、アイルランド南部の
自治獲得が決まった。だがその実施前に遠
くバルカン半島で銃声が轟いた。ボスニア
の首都サラエボで、オーストリア＝ハンガ
リーの帝位継承者が暗殺されたのだ。

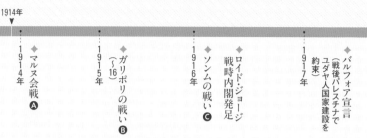

サックス・コーバーグ・ゴータ朝（1901～1917）、ウィンザー朝（1917～現在）

1914年　　　　　　　　　　　　　　　　　　　　1918年

◆1914年
マルヌ会戦 **Ⓐ**

◆1915年
（～16）
ガリポリの戦い **Ⓑ**

◆1916年
ソンムの戦い **Ⓒ**

◆ロイド・ジョージ
戦時内閣発足

◆1917年

◆バルフォア宣言
（戦後パレスチナで
ユダヤ人国家建設を
約束）

Ⓐ マルヌ会戦：塹壕戦（西部戦線）
ドイツ西部国境で繰り広げられたドイツとイギリス・フランス連合軍が戦った戦線。互いに塹壕を突破できず、戦争の末期まで約4年間にわたりこう着状態が続いた。

Ⓒ ソンムの戦い（現フランス）
西部戦線における戦いの1つ。イギリス・フランス連合軍による一大反抗作戦で、史上初めて戦車が投入された。

第一次世界大戦の概要
勃発から終戦まで

　サラエボ事件を受け、ドイツと同盟関係にあるオーストリアはセルビアと開戦して第一次世界大戦が勃発。するとロシアがセルビアに加勢し、ロシアと同盟するフランスも参戦。ドイツはロシアおよびフランスと戦うことになる。そしてロシア・フランスと友好関係にあるイギリスはドイツに宣戦布告した。その後、オスマン帝国や日本を含む多くの国々が、イギリス・フランス・ロシアの三国協商（連合国）側か、ドイツ・オーストリアの同盟国側かのいずれかに味方し、

Ⓑ ガリポリの戦い（現トルコ）
イギリス・フランス連合軍がロシアへの道を通すためにダーダネルス海峡のガリポリを攻めたが、ムスタファ・ケマルが率いるオスマン帝国軍が阻止する。

ヨーロッパで始まった戦争は人類文明史上初めて世界中の国々を巻き込む世界大戦となった。長期化した戦争は、アメリカの参加もあって連合国側が優勢となり、オーストリアとドイツの降伏で終わった。

ウィンザー朝（1917〜現在）

1918年　　　　　　　　　　　　　　　　　　　　　　1925年

◆労働党が初の
単独政権樹立

1924年

◆イギリス政治で
三党鼎立

1920年代

◆フランスとベルギーが
ドイツの
ルール地方占領

1923年

◆アイルランド
自由国の成立 Ⓔ

1922年

◆アイルランド統治法
成立

◆国際連盟発足

1920年

◆インド民族運動

1919年

21歳以上の全男子と
30歳以上の女性に
選挙権が与えられた
総選挙が行われる

◆ドイツ降伏

1918年

◆ロイド・ジョージ
内閣 Ⓓ
（1916〜22）

Ⓓ ロイド・ジョージ

幼い頃に父を亡くしウェールズの叔父の下で苦学
し弁護士となる。議員になると福祉予算の編成に
尽力し、第一次世界大戦では戦時内閣を率いた。

Ⓔ MAP

グレートブリテンおよび
北アイルランド連合王国

アイルランド自由国

Ⓔ アイルランド自由国の英連邦下独立

アイルランドの南部二六州がまとまりアイルラン
ド自由国として独立。アイルランドの民の悲願だ
った議会創設が120年ぶりに為された。

第一次世界大戦後の
ヨーロッパとイギリス

　戦後、敗戦国の処遇と世界秩序を話し合
うパリ講和会議が開かれた。戦勝国が主導
したヴェルサイユ条約で、ドイツの領土縮
小と膨大な賠償金支払い、アメリカが提唱
した国際連盟の設立が決まる。イギリスで
はアイルランド自治問題が再燃。戦時中に
アイルランド独立運動「イースター蜂起」
が鎮圧されていたが、戦争が終わると運動

家が各地で暴動を起こした。当初イギリス
軍はこれを弾圧したが、民意に押され「アイ
ルランド統治法」を制定。北部アルスター
地域以外の諸州に自治が与えられ、やがて
自治諸州はアイルランド自由国を名乗っ
た。しかしアルスター（北アイルランド）
は全島独立を掲げテロ活動に長く手を染め
ていくことになる。国内政治は保守党と自
由党の間に、新興の労働者層を代表する労
働党が食い込み、後の保守党・労働党によ
る二大政党制への下地が作られた。

第1次世界大戦 ～総力戦とは～

MAP

● ＝連合側諸国
● ＝同盟側諸国

ノルウェー王国

スウェーデン王国

ロシア帝国

イギリス王国

オランダ　ドイツ帝国

オーストリア・ハンガリー

フランス共和国

ルーマニア王国

イタリア王国　ブルガリア王国

カスピ海

ポルトガル共和国　イスパニア王国

ギリシャ王国　トルコ帝国

第一次世界大戦
（1914 ～ 18）

連合国と同盟国の対立は衰えていたオスマン帝国領をめぐる思惑が背景にある。イギリスは戦争に協力すればパレスチナを渡すとユダヤ人、アラブ人の双方に約束し、これが現代まで続く大問題の火種を作った。

機関銃の登場と塹壕戦
文明の進歩で戦争も進化

　近代以前の戦争は数カ月間争う程度が一般的で、派手な色の軍服を着た職業軍人や義勇兵らが前線で戦い、銃後の庶民は平時とさほど変わらない生活を営むことが珍しくなかった。第一次世界大戦の勃発当初、おおかたの予想はこの従来と同じような戦いを経て、すぐに勝敗が決するというものだったという。しかしながら予想は裏切られた。世界は産業革命によって工業力、生産力、輸送力を格段に進歩させており、戦争があらゆる面で効率的になり、各国が戦争にかけられるリソースは質的にも時間的にも巨大になっていたのだ。戦場では新兵器である機関銃が敵兵の進軍を食い止め、銃弾の嵐から身を隠すために塹壕が掘られた。弾薬や備品、そして新たな兵士はとめどなく鉄道などで前線に運ばれた。兵器研究にも余念がなく、毒ガス、戦車、軍用航空機、潜水艦が開発・改良された。また、後方の一般市民も戦争と無関係ではいられなくなった。戦争に向けて国内産業を総動員するため政府が経済活動や市民生活に介入し、徴兵制や義務労働制が導入された。このように国の経済力・工業力・技術力・国民一人ひとりの力、すなわち国が持てる力を総動員して戦う戦争を総力戦と呼ぶ。第一次世界大戦はしばしば、人類初の総力戦が行われた戦争だといわれる。イギリスは徴兵制により18歳から41歳までの独

ロイド・ジョージ（左）とチャーチル（右）
第二次世界大戦でイギリスを率いた名門貴族出身のウィンストン・チャーチルは、第一次世界大戦末期のロイド・ジョージ政権下で軍需相、陸相などを歴任している。

身男性はすべて戦場に送り込まれ、イギリス本国だけでなくカナダ、オーストラリア、南アフリカなど大英帝国領各地の兵が戦うことになった。ロイド・ジョージ首相が率いる挙国一致政権が戦争を主導し、食糧の統制、戦費調達、兵士と軍需物資の調達に励み、陸軍の人事を握るだけでなく国王と議会の情報共有を簡略化して、戦時下で政治が持つ力がより強力になった。

総力戦で変わった社会の形
庶民が国を代表するように

　総力戦は戦争の姿だけでなく、一国の伝統的な社会構造まで変えた。イギリスの伝統的な社会においては、ジェントルマンと呼ばれる地主貴族が政治経済と文化を担っていた。彼らは騎士道精神を源流とするノブレス・オブリージュ（高貴な者の責務）

を果たすべく、真っ先に第一次世界大戦の戦場へ馳せ参じ、多くの紳士たちが機関銃の無慈悲な掃射に倒れた。後継者を失った地主の貴族たちは相続税や累進課税に苦しみ、第一次世界大戦後に土地を失う者が目立った。貴族の力は衰え、相対的に庶民の力が強くなったことによって、国を守るのは高貴なる者たちの責務にとどまらず、国民全体の責務になったといわれることがある。そこに男女の違いはない。戦時中に男たちが戦場へ駆り出されていくなか、その穴を埋めるために社会を回したのは女性だった。工場労働者はもちろん、電信交換手や物流を担う運転手、そして警察官に至るまで、女性の社会進出が大いに進んだ。彼女らの活躍によって女性の社会的地位が上がり、なかなか実現できていなかった女性参政権が大戦末期に認められ、戸主または戸主の妻である30歳以上の女性が選挙権を得た。総力戦はさまざまな影響を各国の社会に与えたが、総力戦によって国民が疲弊したのは間違いない。ロシアでは疲弊が我慢の限界に達して共産主義革命へと発展した。また、総力戦となった第一次世界大戦は人々の思想に影を落とした。大戦前のヨーロッパは政治経済、文化芸術の最先端をひた走り人類文明の頂点にあるとして世界中から尊敬された。しかし4年半も続いた戦争によって荒廃し、強力な軍事力と経済力を失っただけでなく、西洋こそが政治・文化など文明の頂点であるという世界共通の認識は根底から覆された。イギリスはアメリカからの借金を背負う債務国に転落したが、貴族に代わり力を手にした大衆が自らの国を復興させていく。

1925年　　　　　　　　　　　　　　　　　　　　　　1930年

◆アメリカの
ウォール街で
株価大暴落

◆1929年
男女普通選挙に
よる総選挙

◆戦争を放棄する
パリ不戦条約
（ケロッグ・ブリアン
協定）が締結

◆1928年
第五次選挙法改正

◆イギリス史上最大の
ゼネラル・ストライキ
◆1926年

◆ロカルノ条約
（ドイツ西側国境の
不可侵と国際連盟加盟）
◆1925年

第3次〜第5次選挙法改正による有権者資格

第3次（1884）

都市労働者に認められた男性の選挙権が、農村部に住んでいた男性の農業労働者にも認められる。これで成年男子の約6割が有権者となる。

第4次（1918）

21歳以上の男性のすべてに加え、30歳以上の一部女性にも選挙権が認められる。これにより女性参政権が一部実現し有権者の数が大幅に増える。

第5次（1928）

21歳以上の全男女に選挙権が認められ男女普通選挙が実現。これで庶民が多く支持する労働党がさらに勢い付き二大政党制へと進んでいく。

Ⓐ世界恐慌 The Great Depression

1929年10月に発生したアメリカ・ウォール街の株価大暴落に端を発する景気後退が世界中に波及。1930年代に世界各国が株価暴落や失業率上昇に見舞われ経済恐慌に陥った。

1926年のゼネスト
男女普通選挙の実現

第一次世界大戦後のイギリス経済は、庶民による復興が期待されたとはいえ、困難が待ち受けていた。繊維・機械・石炭など伝統産業の衰退、高い失業率、強引な金本位制復帰にともなう貿易収支の悪化などだ。政府は不況に悩む鉱業界への補助金増額を拒否、交渉も打ち切り、史上最大のゼネストが発生した。ストライキは9日間で終わり、労働者の生活は改善しなかったが、それでも「1926年のゼネスト」は、英国労働運動史の重要年に位置付けられる。庶民である労働者の存在感はますます強くなり、第5次選挙法改正では男女平等な普通選挙が実現。法改正直後、全人口の6割の有権者が関わる総選挙が行われた。その結果、与党の保守党が過半数を割り、野党第一党の労働党にその座を明け渡す。しかし、労働党が政権を手にしてほどなくアメリカ・ウォール街で株が大暴落した。

1930年　　　　　　　　　　　　　　　　　　　　　　　　　　　1935年

◆ 1930年代　世界恐慌の波及

◆ 1931年　マクドナルド挙国一致内閣が成立 Ⓑ

◆ ウェストミンスター憲章が成立

◆ 1932年　オタワ協定（イギリスのブロック経済体制構築）

◆ 1933年　ヒトラーがドイツ首相に就任 Ⓒ

◆ 1934年　ヒトラーがドイツ総統に就任し国内支配を確立

◆ 1935年　ドイツが再軍備を宣言

Ⓑ ラムゼイ・マクドナルド（前列右から2人め）

スコットランドで農業労働者の父と家政婦の間に生まれる。事務職などを経て労働党党首となり、イギリス初の労働党内閣を成立させ世界恐慌では挙国一致内閣を率いた。

Ⓒ アドルフ・ヒトラー

オーストリア生まれ。画家を目指すも評価されず第一次世界大戦に従軍。戦後に政治運動に身を投じて仲間とともにナチ党を作り上げ、選挙を経て政権を奪う。

挙国一致内閣 ウェストミンスター憲章

　世界恐慌によりイギリスでは増加した失業者への失業手当の財源が不足、労働党政権のマクドナルド首相は失業手当の1割削減を決定した。反発を受け首相は辞表を提出したが国王ジョージ5世は受け取らず、保守党と自由党の協力の下でマクドナルド率いる挙国一致内閣を成立させた。ほぼ時を同じくしてイギリスはウェストミンスター憲章を制定、カナダやオーストラリアなど7つの旧植民地自治領と対等な国家関係を結ぶと法的に規定した。これでイギリスと旧植民地はコモンウェルスと呼ばれる緩やかな連合体となり、その内輪で自国経済を守る保護貿易（ブロック経済）を行い世界恐慌に対抗した。持てる国イギリスはこうした対応ができたが、敗戦国ドイツはそうはいかなかった。ドイツではアメリカからの援助も絶たれ通貨がさらに下落、著しい社会不安のなかヒトラー率いるナチ党が急速に党勢を拡大し総選挙で第一党に躍進した。後にドイツと同盟する日本も不穏な動きを見せた。日本は補助艦の数を制限するロンドン海軍軍縮会議での決定を当初は受け入れたが、軍部がこれに反発し最終的に軍縮条約から離脱し孤立していく。

1935年　　　　　　　　　　　　　　　　　　　　　　　　　　　　　　　1939年

◆1936年
◆エドワード8世即位
◆ドイツがラインラントに進駐
◆ジョージ6世即位
◆1937年
◆チェンバレン内閣発足
◆1938年
◆ドイツがオーストリアを併合
◆ミュンヘン会議
◆1939年
◆ドイツがプラハに進駐
◆独ソ不可侵条約締結
◆ドイツがポーランド侵攻（第二次世界大戦勃発）

Ⓐ**エドワード8世（1936・1〜12月）**
謹厳実直な父ジョージ5世と異なり多趣味で多くの女性を愛し、離婚歴のあるアメリカ人女性と結婚するために自ら王位を退いた。

Ⓑ**ミュンヘン会議
（1番右がN・チェンバレン）**
イギリス、フランス、イタリア、ドイツの首脳が会談。ドイツの国外侵攻の暴挙を3カ国が容認し第二次世界大戦の遠因となる。

ナチスドイツの野望
イギリスの宥和政策

　西欧と日本で独裁と全体主義の嵐が吹き荒れるなか、イギリスはファシズム勢力との敵対を避けた。ドイツには一定の譲歩を示して艦船と潜水艦を保有することを認め、ドイツの再軍備を許容した。軍拡に励むドイツは非武装地帯であったライン川沿岸ラインラントに進駐。約2年後にオーストリアを併合し、さらにチェコスロヴァキア領でドイツ系住民が多いズデーテン地方の割譲を要求した。イギリス・フランス・イタリアは当事国チェコスロヴァキア不在のままミュンヘンにおける会談でドイツの要求を認めた。このイギリスの対応を宥和政策といい、その背景には第一次世界大戦後の民族自決賛美、厭戦ムード、ドイツへの同情があったといわれる。これでドイツはチェコスロヴァキア全土を占領、独ソ不可侵条約を結ぶとポーランドに侵攻し、第二次世界大戦が始まった。

1939年　1944年

◆ ノルマンディー
上陸作戦
1944年
◆ パリ解放

◆ 連合国が対日戦争と
戦後処理について会談
（カイロ会談）
◆ 連合国がポーランド
の戦後処遇などを会談
（テヘラン会談）
1943年
◆ 連合国が反転攻勢

◆ 日本がハワイの真珠
湾を奇襲攻撃、アメリ
カ参戦
◆ イギリスとアメリカが
戦争目的と戦後処理
で合意（大西洋憲章）
1942年

◆ ドイツがバルバロッサ
作戦でソ連侵攻、ソ連
参戦
1941年
◆ ドイツ空軍による
イギリス空爆
◆ 独仏休戦協定
以降対独勢力が一時期
実質イギリスのみに
（バトル・オブ・ブリテン）
◆ チャーチル戦時内閣
（〜45）
1940年
◆ ファニー・ウォー
（奇妙な戦争）
◆ 対独宣戦布告
第二次世界大戦
開戦 **C**

◆ MAP

ノルウェー
スウェーデン
ソ連
エール　イギリス
ロンドン●　ドイツ　ポーランド
パリ●
フランス　ハンガリー
ルーマニア
ユーゴスラヴィア　ブルガリア
ポルトガル
イスパニア　ギリシア
第二次世界大戦・前半

凡例
● =1939年末時　枢軸国側　● =中立国　…▶ =枢軸国進撃

ヤルタ会談（英米ソ、1945年2月）
チャーチル、フランクリン・ローズベルト（米）、
ヨシフ・スターリン（ソ）が会談。ソ連の対日参
戦に関する秘密協定も合意されていた。

第二次世界大戦の推移
戦争で疲弊する大英帝国

　ドイツはポーランドを約ひと月で落と
し、強制収容所建設など非人道的な人種差
別政策を始めた。イギリスとフランスは
早々にドイツに宣戦布告していたが大きな
戦いはなく、7カ月間は「奇妙な戦争」と
呼ばれる小康状態にあった。その後ドイツ
はノルウェーとデンマークを落とし、次い
でベルギー、オランダ、フランスを攻撃。
イギリスはようやく宥和政策を転換し、新
首相のチャーチルが徹底抗戦を主導した。
ついにフランスまでドイツに下るなか、
チャーチルは国王ジョージ6世と協力しつ

つラジオで国民を鼓舞。だがドイツのイギ
リス空爆は激しさを増し、焼け出されたロ
ンドン市民は地下鉄に身を潜めた。もはや
イギリスが欧州で最後の砦だったが、ド
イツがソ連を攻撃したためソ連が、またドイ
ツ・イタリアと同盟している日本がアメリ
カを攻撃したためアメリカが参戦。すると
ソ連・アメリカ・イギリスの連合軍が反撃
に転じるようになり、ノルマンディー上陸
作戦が成功するとドイツの勢いは急速に衰
えていった。戦いの行く末が決しつつある
なかクリミア半島ヤルタでソ連・アメリカ・
イギリスの首脳が戦後処理について会談。
しかしこの時、両大国と比ベイギリスの存
在感は小さく、2つの世界大戦で大英帝国
は力を失ったことが露呈した。

ウィンザー朝（*1917～現在*）

1945年　　　　　　　　　　　　　　　　　　　　　　　　　　　　　　　　　　　　　　1950年

◆ 1945年

◆ ヤルタ会談

◆ ドイツ無条件降伏

◆ ポツダム宣言
　アトリー内閣が発足
　労働党が大勝し

◆ アメリカから借款
　（2006年完済）

◆ 1946年

◆ チャーチルによる
　「鉄のカーテン」
　演説 Ⓐ

◆ 1947年

◆ インドとパキスタンが
　分離独立 Ⓑ

◆ 1948年
　第一次中東戦争が勃
　発しイスラエルとア
　ラブが衝突
　アメリカによる欧州
　経済復興策マーシャル
　プランの受け入れ機
　関として欧州経済協
　力機構「OEEC」結成

◆ 1949年
　エール共和国
　（現アイルランド）が
　英連邦を離脱

◆ NATO発足

Ⓐ **ウィンストン・チャーチル**
アメリカのミズーリ州フルトンで演説した際に、バルト海からアドリア海まで鉄のカーテンが降りたと発言し東西冷戦の深刻化を批判した。

Ⓑ **マハトマ・ガンジー**
イギリス留学後、南アフリカで弁護士として活動、インド帰国後は非暴力による独立運動を主導してインド建国に貢献した。

第二次世界大戦後の世界
大英帝国の解体

　ヤルタ会談から3カ月後ドイツが降伏。ポツダムで戦後処理が話し合われるなか、イギリスで総選挙が行われると保守党の現職チャーチルが敗北し、社会福祉政策による戦後復興を掲げた労働党が勝利した。新首相アトリーは食糧難、都市再建、海外市場の喪失、巨額の対外債務の対応に迫られ、産業国有化による再編復興と、失業給付と医療拡充を実現させ「ゆりかごから墓場ま

で」といわれる社会福祉に舵を切った。一方で対外的には37・5億ドルの対米借款を引き出すものの、米ドルを基軸通貨とするブレトン＝ウッズ体制を許した。またアイルランドの連邦離脱と植民地であった現在のインド・パキスタン・ミャンマー・スリランカの独立を認め、オーストラリアとニュージーランドへの影響力を弱めた。これで大英帝国は事実上解体し、戦後世界の主役はアメリカとソ連に移った。米ソ冷戦下でイギリスはアメリカと歩調を合わせ軍事機構NATO設立などに協力した。

ウィンザー朝（1917〜現在）

1950年　　　　　　　　　　　　　　　　　　　1960年

◆1950年
朝鮮戦争勃発
（イギリスも参戦）

◆1951年
チャーチル内閣発足

◆第二次

◆エリザベス2世
即位 C
（2022年逝去）

◆1952年

◆1955年
ワルシャワ条約
機構が発足

◆イギリスが初の核実験

◆1956年
エジプトのナセル大
統領がスエズ運河を
国有化 D

◆スエズ戦争
（第二次中東戦争）が
勃発

◆1957年
マクミラン政権
発足

◆1960年
欧州自由貿易連合
「EFTA」結成

Dスエズ運河をナセルが国有化

アメリカによるアスワン・ハイ・ダム建設の資金融資撤回に対しエジプトのナセル大統領がスエズ運河国有化で対抗。英仏が出兵、第二次中東戦争に発展した。

Cエリザベス2世（1952〜2022）

父ジョージ6世が亡くなると外遊先から緊急帰国して女王の座に就く。「開かれた王室」を目指し70年7カ月にわたり英国の精神的支柱を務め国民に愛された。

チャーチルの復権と引退
エリザベス女王の即位

　第二次世界大戦後のイギリスでは与党労働党のアトリー政権が復興に取り組んだ。しかし食糧や衣料の配給制が続きなかなか日常生活が上向かず、朝鮮戦争に協力したためその負担が国民にのしかかり不満が高まった。支持を失った労働党は総選挙で敗れ、保守党が勝利してチャーチルが首相に再登板した。こうしたなか国王ジョージ6

世が逝去したため、25歳という若さでエリザベス2世が女王に即位する。新女王の下、老いたチャーチルは冷戦の解消に動こうとしたが失敗に終わり引退を決意した。チャーチルの後継者には外相のイーデンが選ばれたが、ほどなくしてエジプトのナセル大統領がスエズ運河の国有化を宣言。スエズ運河に利権を持つイギリスは、利害を同じくするフランスに加えイスラエルを巻き込んで軍事行動に出た（スエズ戦争または第二次中東戦争）。だがこの動きを同盟国アメリカを含む各国が非難したためやむなく撤退、イーデン首相は辞任に追い込まれた。後任は財務相のマクミランで、彼はエリザベス女王とともに、その後アメリカとの関係改善に尽くした。

Chapter

3

歴史3 現代 大戦へ、その後

写真で見る
イギリスの世界遺産 ③

行ってみたい！イギリスの世界遺産を紹介！

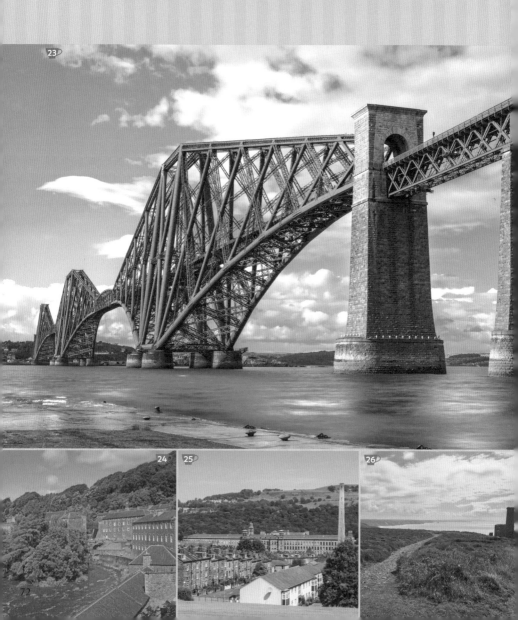

23 世界最長 (2529m) のカンチレバー・トラス橋であるフォース橋、24 ユートピア社会主義の理想を実現しようとした紡績工場と労働者住宅群のニュー・ラナーク、25 19世紀後半に建てられ、のちの産業社会福祉・都市計画に影響を与えた工業村のソルテア、26 コーンウォールと西デヴォンの鉱山景観、27 ピーターラビットが生まれ詩人ワーズワースが愛したイングランド湖水地方、28 産業革命における土木工学の偉業、ポントカサステ水道橋と運河、29 電波天文台のジョドレルバンク天文台、30 キュー王立植物園、31 ネアンデルタール人の文化的伝統の証拠が残る文化遺産ゴーハム洞窟群、32 産業スレート (粘板岩) 採掘がされた地、ウェールズ北西部のスレートの景観、33 「ヨーロッパの大温泉保養都市群」として登録された文化遺産のうちイギリスにあるバース

73

ウィンザー朝（1917～現在）

1960年 ——————————————————————————————— 1970年

1963年 イギリスが方針転換し欧州経済共同体（EEC）加盟を目指すも拒絶される

保守党ヒューム内閣が発足

1964年 労働党ウィルソン内閣が発足

1965年 南ローデシアが一方的に独立

ポンド危機が深刻化

1967年 ポンド切り下げ

1968年 スエズ以東からの軍撤退を表明

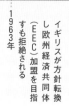

マクミラン（任1957～63）
出版社の家に生まれて大卒後に第一次世界大戦に従軍、戦後保守党の議員となる。アメリカのアイゼンハワーやケネディ大統領と親睦を深めた。

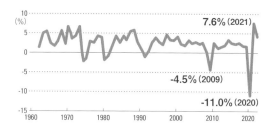

7.6%（2021）
-4.5%（2009）
-11.0%（2020）

イギリスGDP成長率（1961～2022）
いわゆる英国病を患っていたとされる1960年代は、好調の他国と比べて低成長だった。以降の最大の乱高下を記録したのは近年のコロナ禍以降であった。

揺れるイギリス政治
英国病と呼ばれた経済停滞

　保守党マクミラン政権は欧州よりアメリカとの関係を重視した。後にEUへ発展する欧州経済共同体「EEC」に加盟せず、独自にイギリス主導の欧州自由貿易連合「EFTA」を結成した（後に消滅）。国内では貴族制度改革を行い、女性を含む幅広い分野の功労者を一代限りの貴族に叙す制度を設け、世襲中心の貴族社会・上院（貴族院）政治に風穴を開けた。他に一代に限り爵位を放棄する制度を設け、庶民で構成される下院議員に貴族が就く道が作られた。

すでに上院に対する下院の優越は定着し貴族は首相にふさわしくないとされていたが、ヒューム伯爵が爵位放棄制を利用しマクミランの後に首相におさまった。ヒューム政権は短く翌年には13年ぶりとなる労働党政権のウィルソン首相が誕生。ただしこの頃は政権交代にともなう混乱とともに国際収支悪化・経済停滞の時代に入っていた。イギリスは貿易赤字とポンド切り下げ、頻発するストライキ、対米関係の悪化、財政難にともなうスエズ以東からの軍撤退などの苦難を経験、かつての大国の凋落を世界は英国病と揶揄した。

1970年　　　　　　　　　　　　　　　　　　　　　　　　　　　1980年

◆ 1970年　保守党ヒース内閣発足
◆ 1971年　ニクソン・ショック（程なく変動相場制へ移行）
◆ 1973年　イギリスがECに加盟
◆ 第四次中東戦争が勃発
◆ 1974年　労働党ウィルソン内閣発足
◆ 1976年　労働党キャラハン内閣発足
◆ 1978年　多業種がストライキに突入
◆ 1979年　保守党サッチャー内閣発足 Ⓐ

❀ ドルショックって？ ❀

- 各国のドルから金への交換要求
- インフレによるアメリカの競争力低下
- ベトナム戦争の戦費増大
- 対外投資や援助によるドルの流出

▽

ドルショック

1971　ニクソン声明

金とドルの交換停止、変動相場制へ

スミソニアン体制（$1＝¥308）

国際経済の混乱を防ぐため固定相場制へ
※一時的な解決にすぎなかった

1973　変動相場制へ

▽

ブレトン・ウッズ体制の崩壊

Ⓐマーガレット・サッチャー（任1979〜90）
地方の雑貨店の娘に生まれ、オックスフォード大学卒業
後、民間企業での化学研究職を経て下院議員に当選。
保守党党首に上り詰めると、イギリス初の女性首相に
就任した。

打開できない経済低迷
短命内閣が続いた70年代

　与党労働党は経済浮上策を見出せず選挙
で敗れ、保守党ヒース内閣が発足した。し
かし翌年にアメリカがドルと金の交換停止
を発表（ニクソン・ショック）、戦後のド
ルを基軸とした「ブレトン・ウッズ体制」
が終わり、程なく変動相場制に移行すると
ポンドは下落を続けた。さらにエジプトと
シリアがイスラエルを奇襲し第四次中東戦

争が勃発。これが石油危機へ発展してイン
フレが加速し、かねて賃上げを要求してい
た石炭業界がストライキを起こした。ほぼ
時を同じくしてヒース政権はEC加盟に成
功していたが混乱のなかで行われた選挙に
敗北、労働党ウィルソン内閣が取って代わ
る。だが労働党も事態を打開できず、EC
脱退論にともなう政治的混乱でウィルソン
内閣が退陣、続くキャラハン労働党内閣
も「不満の冬」と呼ばれる大規模ストライ
キに巻き起まれ選挙で大敗、保守党にその
座を譲った。この時に保守党を率いたのは
マーガレット・サッチャーだった。

1980年

1990年

◆マルタ会談
（東西冷戦の終結）

◆ベルリンの壁
崩壊

1989年

◆1987年
第三次
サッチャー内閣発足

イギリスが金融証券の
大規模規制緩和（金融
ビッグバン）を実施し
景気浮上

1986年
ソ連で
ミハエル・ゴルバチョフ
が書記長に

1985年

◆1983年
第二次
サッチャー内閣発足

フォークランド戦争
でイギリスが勝利、
サッチャー人気復活

◆フォークランド
戦争勃発

◆1982年

Ⓐフォークランド戦争

南米南端の沖合にあるイギリス領フォークランドにアルゼンチン軍が侵攻。サッチャーが国連安保理と国際世論を味方に付け撃退に成功した。

Ⓑベルリンの壁崩壊

東ドイツ政府が国民の西ドイツへの出国を認めると多数の市民がベルリンを東西に分けた壁に殺到しハンマーなどで破壊、その後冷戦が終結した。

サッチャーの小さな政府 11年半にわたる長期政権

　サッチャーは苦境にあえぐイギリスを、「小さな政府」、後に新自由主義と呼ばれるようになる経済政策で改革、国有企業の民営化と福祉カットを推進した。このため失業者が増え政権運営は揺らいだが、フォークランド戦争に勝利したことで支持が回復し再選に漕ぎ着けた。二期目はサッチャリズムと呼ばれる荒療治に着手する。通信、製造業、エネルギーなど主要産業の本格的民営化を進め、社会保障費を大幅削減し、

石炭産業ストライキに対し妥協を許さないなど、保守的かつ強硬な政治姿勢から「鉄の女」とあだ名されたが、外交ではソ連でゴルバチョフが力を持つと「ビジネスができる」相手として、米ソ首脳を引き合わせ東西融和の道筋を拓いた。一方で南アフリカの人種隔離政策（アパルトヘイト）廃止に動いたエリザベス女王との温度差、そして何よりEC主導による欧州統合に反対したことや人頭税導入で支持を失った。三期目のサッチャーは孤立を深め、逆風のなか保守党党首選で勝利を逃すと側近たちの進言もあり退陣に追い込まれた。

1990年　　　　　　　　　　　　　　　　　　　　　　　　　　　　1995年

◆アイルランド独立を目指すアイルランド共和軍（IRA）が停戦を宣言（後に攻撃再開）

1994年
◆マーストリヒト条約に基づき欧州連合（EU）が創設

1993年
◆ポンド危機を受け、統一通貨ユーロの前段階である為替相場の変動を抑制するシステム「欧州為替相場メカニズム（ERM）」からイギリスが離脱

1992年
◆ポンド危機
◆EU創設の基盤となるマーストリヒト条約が起草（翌年2月調印）

1991年
◆湾岸戦争勃発 D

1990年
◆保守党メイジャー内閣が発足 C
1990年

C メイジャー首相（任1990～97）

サーカス役者を父に持つ。16歳で学校を中退してから家計を支えるため建設業などを経て銀行に勤め、後に政治家となった苦労の人。サッチャーから信頼された。

D 湾岸戦争、死の高速道路

クウェートに近いイラク国内にある80号線を、多国籍軍が無差別爆撃したため、撤退するイラク軍に多数の死者が出たといわれている。

サッチャー退陣後
保守党メイジャー政権

　サッチャーの後釜に座ったのは、サッチャー内閣で外相や蔵相を歴任していたジョン・メイジャーだった。これはすでにイラクがクウェートに侵攻していたタイミングで、就任後ふた月を待たずして新首相は湾岸戦争に相対し、アメリカを中心とする多国籍軍の一員としてイラク派兵を決めた。イギリス外交は親米か、親欧かのどちらかに振れることが多いが、メイジャーはアメリカ・ヨーロッパいずれとも協調する姿勢を見せた。保守党の党内に前政権から存在する欧州統合否定派に悩みつつも、通貨統合や社会憲章からイギリスが除外される条件で、EU（欧州連合）創設の基盤となるマーストリヒト条約に参画することに成功した。また、一時的なものになってしまったとはいえ、過激化していたアイルランド独立を掲げる武装組織から停戦宣言を引き出した。ただし欧州統合への不満とアイルランド問題の火種は消えたわけではなく、そこに投資家ジョージ・ソロスの大掛かりなポンド売りによるポンド危機、地方政府における度重なるスキャンダルが発生、さらに狂牛病の発生まで加わり、メイジャーは支持を失っていった。

1995年　　　　　　　　　　　　　　　　　　　　　　　　　　2000年

◆北アイルランド議会に政治権限が移譲される（後に対立が生じ一時停止）

1999年
◆グッドフライデー合意（ベルファスト協定）により北アイルランドの自治が認められ紛争終結、後に北アイルランド法が成立し議会復活が決定

1998年
◆ウェールズ法が成立しウェールズ議会設立が決定

◆スコットランド法が成立しスコットランド議会復活が決定

1998年
◆ダイアナ元妃が交通事故死 Ⓑ

◆労働党トニー・ブレア内閣が発足（〜2007）Ⓐ
1997年

◆ロンドン爆弾テロ発生、IRAが停戦を破棄
1996年

Ⓐ トニー・ブレア
（任1997〜2007）
スコットランド生まれで、オックスフォード大学を卒業後、弁護士を経て議員に。首相時代は毎週水曜日昼の「首相質問時間」に多大なプレッシャーを感じていた。

Ⓑ ダイアナ・プリンセス・オブ・ウェールズ（右）
名門貴族に生まれ長じてチャールズ皇太子（当時）と結婚。離婚後も慈善活動を行い絶大な人気を誇ったがゴシップ記者の標的にされた。

トニー・ブレアの登場 世紀末に進んだ改革

　保守党メイジャー首相に取って代わったのは、労働党を生まれ変わらせたトニー・ブレアだった。ブレアは市場原理に基づく自由競争経済を取り入れながらも失業者の職業訓練などを行い、新自由主義でも社会主義でもない「第三の道」を提唱した。政策面では地方分権化と世襲議員改革などを行った。就任間もなくスコットランドとウェールズに政治権限を移譲する住民投票を行うと、賛成多数で両地域に議会が設立された。その後は北アイルランドの自治を認める「グッドフライデー合意」の締結に尽力、長年にわたる紛争を終結に導いた。「1999年貴族院法」では、当時759人いた世襲の貴族院議員を90人とし、これに伝統的な役職を担う2人を加えて、世襲貴族院議員の定数を計92人と定めた。ブレア首相は政策実務を行うにあたり特別顧問を多用し、閣議での議論よりも自身と側近たちを中心に事を進める方法をとったとされる。このスタイルはアメリカの大統領型に近く議会軽視との批判もあった。だが一方で、ブレアは毎週水曜日の正午から30分を「首相質問時間」と決め、野党党首らの質問に真っ向から答えることを欠かさなかった。

2000年　　　　　　　　　　　　　　　　　　　　　　　　　　　　　　　　　　　　　　2012年

◆キャメロン保守党・
　自由民主党連立
　内閣が発足
　2010年

◆ユーロ危機
　2009年

◆リーマン・ショック
　2008年

◆労働党ブラウン
　内閣発足
　2007年

◆ロンドン同時
　爆弾テロ発生 C
　2005年

◆ブレア首相三選

◆イラク戦争勃発、
　イギリス参戦

◆イギリス全土で
　100万人以上が
　参加する
　反戦集会が起きる
　2003年

◆アフガニスタン空爆
　にイギリスも参加

◆アメリカで9・11
　同時多発テロが
　発生

◆労働党
　トニー・ブレア首相
　再任、二期目に突入
　2001年

C ロンドン同時爆弾テロ

7月7日の朝にロンドン中心部を走る地下鉄車内とバスの合計4カ所で爆発。通勤時間が狙われ50人以上が死亡、700人以上が負傷。アルカイダの関与が指摘された。

D ゴードン・ブラウン（任2007〜10）

スコットランド出身で、エディンバラ大卒業後に大学講師やジャーナリストを経て政治家に。ブレア政権では財務相を務めており、ブレアのライバルとされた。

21世紀初頭の対テロ戦争 ブレア政権の終わり

　21世紀に入ったイギリスも欧州とアメリカの間で揺れた。欧州統合で中欧や東欧の移民が増加し、人々は移民に職が奪われることを危惧した。二期目に突入したブレア政権は統一通貨ユーロへの参加を見送る。だが何よりイギリスが動揺したのは、アメリカで起きた9.11同時多発テロだった。ブッシュ（子）大統領が指揮を執るアメリカは、国際テロ組織アルカイダを匿ったとしてタリバン政権下のアフガニスタンを攻撃、さらに対テロ戦争の延長として大量破壊兵器の所持を理由にイラクを攻撃し

た。アメリカとの同盟を重視したブレアは両戦争への派兵を決定、イラク戦争の際にもイギリス全土で反戦集会が起こったがこれを無視する形となった。戦後処理は長引き、加えてイラクにあるはずの大量破壊兵器は見つからず、大義なき戦争ではないかとの疑問が噴出する。折からの景気減速も相まって、一時は大きな支持を得たブレア首相はついに求心力を失い、何とか三期目は確保したものの2年後に辞任を余儀なくされた。後任の労働党ブラウン首相は、開戦決定権といった首相権限を制限すると宣言したが、就任後すぐリーマン・ショックとユーロ危機に見舞われ、ブレアのような長期政権を築くことはできなかった。

2012年　2023年

保守党スナク内閣が発足

女王エリザベス2世崩御

2022年
保守党トラス内閣が発足

ブレグジット実現

2020年
新型コロナウイルス・パンデミック

保守党ボリス・ジョンソン内閣が発足

2019年
保守党メイ内閣が発足

ブレグジット国民投票でEU離脱が決定

2016年
ロンドン銀行間取引金利（LIBOR）の不正取引が発覚

女王エリザベス2世がダイヤモンド・ジュビリー（即位60周年）を迎える Ⓐ

2012年

デイビッド・キャメロン（任2010～16）
国王ウィリアム4世の血を引く。イートン校ののちオックスフォード大卒業後に保守党入党。2023年のスナク内閣改造で外相に起用され政界の第一線に復帰。

Ⓐエリザベス2世在位60周年記念式典
世界中の君主や王族代理が出席しパレードなどの催しが行われた。この10年後にイギリス史上初のプラチナ・ジュビリー（即位70周年）も祝われた。

EU離脱の機運がアップ
キャメロン首相が問う是非

　労働党ブラウン政権の退場で、13年ぶりにキャメロン率いる保守党が返り咲いた。当初は単独過半数を獲得することができず、選挙で第3党となっていた自由民主党と連立を組んだ。キャメロン首相は財政赤字削減のため、教育と医療などを除いた全分野で歳出をカットする緊縮財政策をとった。これで財政健全化は進んだが、公共サービスが削減され、支持率は低下した。また、国民の不満はEU加盟によって加速した移民増にも向けられた。こうしたなかキャメロン首相は国民の支持と盤石な政治基盤を得ようとEU離脱＝ブレグジットを問う国民投票の実施を宣言した。結果は僅差での離脱派勝利。残留派だったキャメロンは即時退陣を決め、内務相だったテリーザ・メイが後任に選ばれた。EU離脱交渉を任せられたメイ首相は忠実に役割を果たしたが、EUと一定の関係を保とうとするソフト・ブレグジット派と、強硬な完全離脱を目論むハード・ブレグジット派の間で板挟みになった末に辞任。後任の強硬離脱派ボリス・ジョンソン首相がハード・ブレグジットの指揮を執りEUから離脱した。その後は続くトラス首相、スナク首相が国政運営にあたり保守党が政権を維持、ブレグジット後のイギリスを導いている。

ティータイム

4

Tea Time

写真で見る
2000年以降の重要事件

::

2001年、アフガニスタン紛争。アメリカ同時多発テロの首謀者オサマ・ビン・ラディンを匿っているとして米ブッシュ大統領が対テロ戦争を宣言、イギリスも参加した。

2005年7月7日、ロンドン中心部4カ所で同時に起きたロンドン同時爆弾テロ。写真は事件直後のラッセル・スクエアに集まる救急車両など。

2012年、エリザベス2世のダイアモンド・ジュビリー（即位60周年記念）の祭典中、ロンドンのバッキンガム宮殿に向かうエリザベス2世。

2016年、国民投票でブレグジット（EU離脱）が決まり、2020年に実際に離脱。写真は2020年当時のボリス・ジョンソン首相とウルズラ・フォンデアライエン欧州委員長。

2022年、ハンプシャーのロムジー市場広場でエリザベス2世のプラチナ・ジュビリー（即位70周年記念）を祝う人々のストリート・パーティ。

2022年、リシ・スナク政権発足。7月に前任ボリス・ジョンソン政権が崩壊したのち与党保守党党首選に勝利し10月に首相に就任。イギリス史上初のアジア系首相。

ブレグジット とは

イギリスのEU離脱
その理由と推移

　ブレグジットとはイギリスのEU離脱を表した造語。イギリスを意味する「ブリテン」と、離脱を意味する「イグジット」が合体してできた。EUに加盟すると例外はあるが原則として統一通貨ユーロによる単一経済市場と、ヒトとモノの行き来が自由になるシェンゲン協定で結ばれる。しかし必ずしも良いことばかりでないと考える人もいる。EUの掲げる農業政策や経済政策や難民受け入れ策に従う必要があるため、自国による自前の政策でこれらを決めることが難しくなる。また、ひとたび紛争が起きると移民・難民が増えて彼らが仕事を奪い、社会福祉制度を圧迫するのではとの議論が巻き起こる。こうした不満からイギ

| ブレグジット略年表 |

2016年6月
国民投票でEU離脱が決定。翌月に就任したメイ首相がEUとの離脱交渉にあたる。

2017年7月
一部EU法制を受け入れる穏健離脱方針を発表。反発したボリス・ジョンソン外相が辞任。

2019年7月
ボリス・ジョンソン首相が誕生。12月の下院総選挙で強硬離脱派の保守党が大勝。

2020年1月
イギリスがEUから離脱

リスではEUから離脱すべしとの声が高まり、実際にEU離脱か、それとも残留かの国民投票が行われた結果、賛成51・9％、反対48・1％でEU離脱が決定した。イギリスはEUの単一市場へアクセスする道筋を保ったまま、移民流入を制限する方法を模索する穏健離脱（ソフト・ブレグジット）の方針でEU側と離脱交渉を重ねた。イギリスは医薬品や航空関連などの分野でEUの法制を受け入れる意向を示し、イギリスとEUの間で一定の関係が維持されるかに見えた。しかし国内で完全なEU離脱を唱える強硬離脱（ハード・ブレグジット）派がこの案を認めず離脱交渉は暗礁に乗り上げた。その後ボリス・ジョンソン首相が率いる強硬離脱派の保守党が支持され、最終的にハードな離脱を選択した。

ボリス・ジョンソン（任2019～22）
ジャーナリスト、下院議員、ロンドン市長を経てブレグジットを主導しながら国民の支持を得て首相に。歯に衣着せぬポピュリストと揶揄されることもあり評価は賛否両論。

イギリスへの移民数推移 (2008 ~ 18)

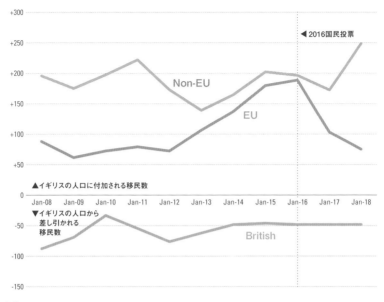

出典：DNS

2016 国民投票の内訳

EU離脱
賛成
51.9%

EU離脱
反対
48.1%

ブレグジットの実現後
強硬離脱の影響

　EUを離脱したイギリスは実際に移民制限を行った。一定の英語力や職能を持つ人に限って移民を認めるというものだった。加えてEUの関税同盟から離脱し、イギリスはEUに加え世界各国と個別の関税・貿易協定を結ぶことになった。だが移民制限により移民に依存していた建設業や接客サービス業で人手不足が露呈した。さらに新型コロナウイルスの猛威とロシアによるウクライナ侵攻が重なって、食糧不足とエネルギー不足、そしてインフレに見舞われた。ブレグジット後に発生した経済的な不調の理由は、世界情勢がからむ複合的なもので、その影響を評価するにはまだまだ時間がかかるとされる。離脱をよしとする国民はイギリス独自の新型コロナウイルスのワクチン普及政策や、農業政策がうまくいっているとアピールする。確かに日本などが参加するTPP加盟など独自の経済戦略も可能になった。だがEUと歩調を合わせるべきとの声も根強く、離脱の是非がわかるのはかなり先のことだろう。

ティータイム

5

Tea Time

写真で見る
イギリスの景観

世界遺産「以外」にも
魅力あふれるスポットがたくさん！

1 イングランド南部イースト・サセックスにある白亜の崖、セブン・シスターズ。 2 ロンドン・アイ（観覧車）から見るロンドン夕景。右手にビッグ・ベンとウェストミンスター宮殿が見える。 3 スノードニア国立公園。ウェールズ最古の国立公園で、世界最速といわれるジップラインがある。 4 春にはブルーベルの花が咲き乱れるアシュリッジ・エステート。1926年からナショナル・トラスト。 5 ダノター城。5世紀には礼拝堂があったといわれ、クロムウェルの軍勢からスコットランドを守ったとされる。 6 クイーンズ・ビュー。1866年ヴィクトリア女王が訪れ人気となったが、名前の由来はスコットランド王ロバート1世（位1306 ～ 29）の最初の妻イザベラにちなむと考えられている。 7 スコットランドのスカイ島にあるフェアリー・プールズ。スカイ島公式が「crystal-clear」と自慢。 8 コッツウォルズのバイブリー村。近代デザインの父ウィリアム・モリス（1834 ～ 96）は「イングランドで最も美しい村」と讃えた。 9 ノーフォーク・ラヴェンダー。同名の農園は1932年創業、英国王室御用達。 10 セント・マイケルズ・マウント。コーンウォール沖合にあり、本土から歩いて渡ることができる。 11 チェダー渓谷。チェダーチーズ発祥の地チェダー近郊にあり、ロッククライミングができる断崖絶壁や、入ることのできる鍾乳洞がある。

ロンドン

87

4
chapter

♛

社会&文化

日本の皇室と同じく長い伝統をもつ王室があり、お隣フランスのような市民革命による貴族の処刑がなく世襲貴族もいる。イギリス社会は日本社会とどう異なっているのだろうか？

英国の王室

日本でもよく話題になる英ロイヤル・ファミリー。世界のセレブリティが範とする憧れの的だ。開かれた王室として人々に親しまれ王室外交や国民を鼓舞する象徴として

の活動も見逃せない。最近だとエリザベス2世が2022年2月に在位70年を迎え、6月には華やかな在位記念祝賀行事が行われた。王室の基本を紹介しよう。

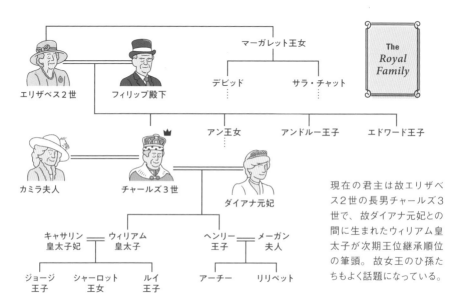

The Royal Family

マーガレット王女 / デビッド / サラ・チャット

エリザベス2世 / フィリップ殿下

アン王女 / アンドルー王子 / エドワード王子

カミラ夫人 / チャールズ3世 / ダイアナ元妃

キャサリン皇太子妃 = ウィリアム皇太子 / ヘンリー王子 = メーガン夫人

ジョージ王子 / シャーロット王女 / ルイ王子 / アーチー / リリベット

現在の君主は故エリザベス2世の長男チャールズ3世で、故ダイアナ元妃との間に生まれたウィリアム皇太子が次期王位継承順位の筆頭。故女王のひ孫たちもよく話題になっている。

👑 現国王チャールズ3世の戴冠式

チャールズ3世と米バイデン大統領（2023年6月）。

「複数の宗教を尊重」

2023年5月、チャールズ3世はウェストミンスター寺院で「初めてづくし」の戴冠式を行った。初めて女性聖職者が参加して聖書を朗読、初めてキリスト教以外の宗教を信じる人々が式の役割を担った。現国王はジェンダー・人種・宗教を超えた「多様性」を重視していることがうかがえる。

👑 王室メンバーと結婚したらどうなる?~王・王室の立ち位置~

「君臨すれど統治せず」

イギリス王室のメンバーと結婚するなんてあり得ない? しかし、現にキャサリン皇太子妃は一般家庭のお生まれ。リアルシンデレラストーリーが実現している。まさかの時のために、王や王室の立ち位置を知っておこう。イギリスの現政体は立憲君主制。君主らに実体的な政治権限はない。とはいえ多忙な政府に代わり、行政の目が行き届かない社会的弱者をサポートしている。実際、王室は数々の慈善団体を起ち上げ、社会的弱者を助けてきた。王室に入るには、名門校に入る努力だけでなく、ゴシップに耐える忍耐力、弱者を気遣う誠意が必要なのだ。

コロナ禍中にBBCで国民を鼓舞する故女王。

故エリザベス2世と英王室メンバー。2012年。

世界の「王室外交」の頂点

2020年4月、故エリザベス2世はコロナ禍のなかBBCテレビに出演、新型コロナとの戦いに「きっと成功する」と国民を鼓舞し「皆さん、またお会いします」と結んだ。こうして国民統合の象徴として国民にメッセージを送ると同時に、政府が担う「ハー

若き日の故エリザベス2世。

ドの外交」に対し、政府には難しい「ソフトの外交」も担ってきた。故女王自身、実に130回もの公式外国訪問を行った。1869年にはアルフレッド王子が訪日、当時の英王室の日本のイメージは「遠く野蛮な国」。しかし王子は天皇や日本政府の大歓待を受け、日本に好意を抱き王室を翻意させた。

アルフレッド王子(1860年頃)。

英国の貴族

故サッチャー首相が使った「階級のない社会」という言葉は、続くメイジャー首相が自分のキャッチフレーズとし、理想として掲げた。とはいえ、いまだイギリス社会に階級は色濃く残る。貴族とは一定の爵位をもつ本人および家族をさし、呼び方にも習わしがある。英国貴族とはどんな人たちなのか、ちょっと覗いてみよう。

貴族の主な序列

⚜ 爵位 (男性／夫人)

		読み方 (男性／夫人)
Duke / Duchess	公爵	デューク／ダッチス
Marquess / Marchioness	侯爵	マーキス／マーシャネス
Earl / Countess	伯爵	アール／カウンテス
Viscount / Viscountess	子爵	ヴァイカウント／ヴァイカウンテス
Baron / Baroness	男爵	バロン／バロネス

⚜ 呼び方

世襲の貴族は上の5種で、公爵へは Your Grace、他爵位へは Lord ／ Lady と呼びかける。男爵の下の準男爵、ナイトには、Sir ／ Dame で呼びかける。

👑 著名な公爵家

ノーフォーク公
姓：フィッツアラン・ハワード、叙爵1483年。イングランド公爵。最古参の筆頭公爵。キングズ・リンは本流ハワード家発祥の地近郊、現邸宅アランデル城。

ハミルトン公
姓：ダグラス・ハミルトン、叙爵1643年。スコットランド公爵の最古参。カデュは初代ジェイムズ・ハミルトン領地、現本邸はハディントン近郊。

マンチェスター公
姓：モンタギュー、叙爵1719年。グレートブリテン公爵。ゴッドマンチェスターが爵位名由来で旧邸キンボルトン城も近郊。分流サンドイッチ伯爵家も現存。

ファイフ公
姓：カーネギー、叙爵1900年。連合王国公爵。初代はアイルランド貴族ファイフ伯継承ののち連合王国ファイフ伯。バーン・オブ・エルジックに所領と邸宅。

👑 イギリス貴族の起源と歴史

14世紀以降に定着

ノルマン朝（1066～1154）以前より爵位はあったが叙爵の基準はなく、筆頭の公爵は1337年エドワード黒太子がコーンウォール公に叙せられたのが初。

17世紀以降に増加

中世まで富は土地所有に起因したが、商業で財を成した者が増え、功績・財をもって爵位を得るか、旧来の世襲貴族と結ぶかその土地を得て貴族に。

戦争にはせ参じる

封建時代の騎士階級に源流をもつ貴族は、王家を含めて軍務に就く者も多かった。家督を継げない次男以降は軍士官になるケースが多々見られた。

関連史実トピックス

イギリスの歴史でもっとも早く制度化されたのが伯爵で、続いて初の公爵としてコーンウォール公が誕生した。1385年に侯爵が、1440年に子爵が叙せられたが、公爵はみな王室と所縁のある人々。日本でいう「宮様」だった。1914年に戦場に赴いた貴族とその子弟の戦死率は18.95％に。

エドワード黒太子
1337年、イングランドで初めてコーンウォール公に叙爵された。

生計の基本

広い領地を借地農に貸しだし、莫大な地代収入を得るのが伝統的な生計となる。ただ現代になり相続税・財産税が高騰、領地維持は困難になり、一部には領地がなく賃貸住宅に住む貴族も。しかし上位の貴族はいまだ広大な土地・豪奢な在郷邸宅などをもつ。

王室費
王室予算は2018年で約117億円。広大な領地の不動産収入の25％が計上され、首相や財務大臣などが管財人を務める。

貴族が養う人たち
執事を筆頭にコック、ハウスキーパー、ナニー／女性家庭教師、侍女や運転手など。大規模在郷邸宅だと数十人を抱える。

英国の勲章

国への勲功・功労を表彰する勲章。イギリスでは君主から与えられ、国内ばかりでなく、王室外交にも重要な役割を果たしてきた。その最高位がガーター勲章。構成する

鮮やかなビロードの大綬からブルーリボンとも呼ばれ、ガーター騎士団の一員として叙するため死後返還する決まり。欲しくてももらえない海外の王室も多々あった。

Column

ガーター勲章

ヴィクトリア女王代、ロシアへの対抗からオスマン皇帝に与えられたが、のち非キリスト教徒への授与は控えられた。異教徒として与えられた例外が現代日本の天皇。

他の勲章

①バス勲章。3等級あり綬の色からレッドリボンとも。②ヴィクトリア十字章。武功勲章。最も受勲が難しい勲章のひとつ。③大英帝国勲章。④ロイヤル・ヴィクトリア頸飾。ガーター勲章を異教徒に滅多に贈らなかったエドワード7世が異教徒へのブルーリボンの代わりに創設。

① ② ③ ④

勲章を持つ著名人

キーラ・ナイトレイ
大英帝国勲章勲4等（OBE・オフィサー）を2018年受勲。イギリス人女優。出演「スターウォーズ エピソード1」など。

ビル・ゲイツ
大英帝国勲章勲2等（KBE・ナイトコマンダー）を英連邦への寄付で2005年受勲。米マイクロソフト創業者のひとり。

ラルフ・ローレン
大英帝国勲章勲2等（KBE・ナイトコマンダー）を2019年受勲。アメリカ出身のファッションデザイナー初の快挙。

キャサリン・ゼタ＝ジョーンズ
大英帝国勲章勲3等（CBE・コマンダー）を2010年受勲。イギリス人女優。映画「シカゴ」でアカデミー賞助演女優賞。

♛ 勲章「剥奪」の歴史

第一次世界大戦勃発の翌1915年、敵国ドイツへの反感が国中に広がるなかジョージ5世はドイツとオーストリアの王侯に与えていたガーター勲章を剥奪することを決めた。日本の昭和天皇は1929年にガーター勲章を受勲、日英開戦の41年に剥奪された。ハードな国家関係が勲章与奪に影響したことがわかる。

大正天皇

黒船来航後、幕府が列強と結んだ条約は治外法権など不平等なものだった。日本は列強から対等なパートナーと見なされなかったのである。明治新政府は政経・軍事上の機構や制度を欧米流に整え、国の地位上昇を図る。内閣制度・憲法を整備、日清・日露戦争に勝利して、イギリスは日本との条約改正と同盟締結に応じ、1906年に明治天皇は晴れてガーター勲章を授与され、大正天皇は即位にともない受勲した。

ガーター騎士団のローブを身にまとう大正天皇（在位1912〜26年）。1912年頃。

昭和天皇

昭和天皇がガーター勲章を剥奪され、第二次大戦後の51年サンフランシスコ条約で日英国交は再開される。政府間の努力に加え、両国皇室・王室の交流も関係改善を促した。53年エリザベス2世戴冠式への明仁皇太子出席、61年アレキサンドラ王女の訪日を経て、71年に昭和天皇はイギリスなど西欧7カ国を訪れた。このとき晴れて名誉は復活、昭和天皇はガーター勲章を着用して英宮中晩餐会に出席したのである。

1971年、昭和天皇皇后両陛下のイギリス訪問時。昭和天皇はブルーリボンを着けている。

英国の
パブリック・スクール

起源は中世に遡り、紳士教育と名門大学への進学準備を施す。リシ・スナク首相やボリス・ジョンソン前首相、チャーチルも輩出した伝統のパブリック・スクール。近年は名門ハロウ校やラグビー校の日本校が開校し、動向が見逃せない。名門校はどんなところで、どんな教育をしている？　興味津々の内容を見てみよう。

名門9校(the Nine)

イートン校
Eton College
寄宿制の男子校。1440年頃に設立、燕尾服にタイの制服でも知られる名門校。オックスブリッジ進学者や歴代首相を輩出。イートン英語を話す。

ハロウ校
Harrow School
イートン、ラグビーと並ぶ名門。男子校。卒業生にバイロンなど。制帽ハロウ・ハットも有名。

ラグビー校
Rugby School
寄宿制の名門男子校、1567年創設。ラグビー・フットボール発祥の学校としても有名。

ウィンチェスター校
Winchester College
1382年創設と最古の名門校。男子校だったが近年、初の女子生徒の入学許可を発表した。

ウェスト
ミンスター校
Westminster School
1560年創設、寄宿・通学可の男子校で最終2学年は共学。調査によると国内トップの学力を誇る。

セント・ポールズ・スクール
St. Paul's School
1509年創設、寄宿・通学可の男子校。ロンドンの同名の大聖堂主任司祭が建てた学校が起源。

シュルズベリー校
Shrewsbury School
1522年創設、寄宿・通学可の男子校で近年完全に共学に移行。海外の国・地域にも開校。

マーチャント・テイラーズ・スクール
Marchant Taylors' School
1561年創立、ロンドン近郊にある通学制男子校。金曜の学生連隊活動は100年の歴史。

チャーターハウス
Charterhouse
1611年創立、ロンドン近郊にある寄宿・通学可の共学校。数種の制服はTPOで選ぶ。

♛ 著名な出身者

ルイス・キャロル
生涯独身で学寮長の娘に『不思議の国のアリス』を執筆。ラグビー校・オックスフォード大出身。

ウィンストン・チャーチル
ハロウ校出身、第二次世界大戦時イギリスと連合軍を率いた首相。ノーベル文学賞も受賞。

ボリス・ジョンソン
EU離脱を強行した元英国首相。アメリカ生まれでイートン校・オックスフォード大に学ぶ。

リシ・スナク
イギリス初のアジア系（インド系）首相。ウィンチェスター校・オックスフォード大出身。

どんな教育をしてる？

上流階級の子弟が入学、名門大学で学んだのち各界リーダーと、エリート街道を走るパブリック・スクールの生徒たち。もとは支配階級の子弟教育ではなく貧しい男子に無償でラテン語を教え、オックスブリッジへの進学を準備し主に聖職者への道を拓いた。近代には貴族・ジェントリの主に二男坊以降のため、実績ある学校教育の選択が志向された。現代では学問にとどまらず、スポーツや音楽・演劇などの芸術といった各種活動、共同生活・チューター制などを通した人格教育にも力を入れている。

英国の**オックスブリッジ**
（オックスフォード大、ケンブリッジ大）

伝統と由緒ある名門、オックスフォード大学とケンブリッジ大学。中世来イギリスの高等教育を独占、昨今では日本の皇室ともゆかりが深い。オックスブリッジ（剣牛）と並び称せられるように歴史や制度に共通点をもち、多数のノーベル賞受賞者を輩出してきた。政経・軍事など各界にリーダーを送り込む両大学の特徴を見てみよう。

オックスフォード大学
Oxford University
12世紀創立、英語圏最古の大学。寄宿制の学寮（コレッジ）と指導教師（チューター）制の個人指導が特徴。併設する国内発行の全初版本を蔵するボドリアン図書館、国内初の公共美術館アシュモリアン博物館も有名。

ケンブリッジ大学
University of Cambridge
13世紀初頭のオックスフォード学徒大量移住を起源とする英語圏で第2に古い大学。学寮・チュートリアル制度を基盤とした少人数教育が特徴。ノーベル賞受賞者数は国内1。毎春の剣牛対抗ボートレースも有名。

MAP

ケンブリッジ
オックスフォード
ロンドン

著名な出身者

ヒュー・グラント

オックスフォード大卒のイギリス人俳優。映画『モーリス』『フォー・ウェディング』などで数々の国際的映画男優賞を受賞。

J・メイナード・ケインズ

ケンブリッジ大卒のイギリス人経済学者。主著『雇用・利子および貨幣の一般理論』は近代経済学の一大革新をもたらした。

👑 イングランドの教育制度

ここではイングランドの公的教育制度を紹介する。義務教育は小学校6年・中学校5年の計11年。一般に中等教育は選抜試験のない中学校で行うが、他に伝統の選抜校もある。学年終わりに試験を受け、義務教育修了時にGCSEという試験を受ける。のち大学進学希望者はシックス・フォームと呼ばれる教育コースに進む。

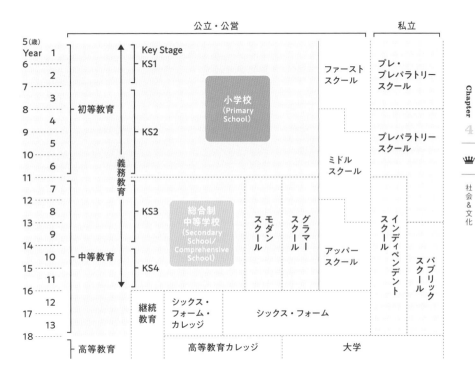

初等・中等教育の制服

従来も制服はあったが19世紀の初等教育義務化で制服がいっきに広がった。20世紀教育改革で中等教育も義務化、各校が各々の制服を定める。現在政府は制服制定を強く推奨している。

イートン校の制服

黒のテイルコートとベスト、白いシャツに白いタイ、ピンストライプのズボン。かつてのシルクハットは廃止された。21名からなる選抜された優秀生「ポップ」はベストを自由に選べる。

エリザベス2世

エリザベス2世
（位1952〜2022）

写真は若き日のエリザベス2世。2015年には歴代在位期間が最長であった高祖母ヴィクトリア女王（在位63年と216日）を抜き、歴代国王の在位最長記録を更新した。

初スピーチは14歳
若くして即位、王室外交に邁進

　1940年10月13日、ウィンザー城の一室。マホガニーのテーブルの前に14歳のエリザベス王女とその妹、10歳のマーガレット王女が座っていた。BBCのラジオ番組『子どもの時間（Children's Hour）』特別版に出演するためだ。時はまさに第二次世界大戦中、すでにロンドン大空襲が始まっている。のちの女王エリザベス2世による初の公開演説は、カナダやアメリカ、オーストラリアやニュージーランド、南アフリカなど海外に疎開しているイギリス人の子どもたちに向けたものだった。
　「私たちはみな、最後にはすべてうまくいくことを知っています。神が私たちを気遣い、勝利と平和を与えてくださるからです。そして平和が訪れたとき、忘れないでください、明日の世界をより良く、より幸せな場所にするのは、私たち今日の子どもたちなのです」。最後に王女は妹を促して「おやすみ」の挨拶をさせ、こう締めくくった。「おやすみなさい、子どもたち。そしてすべての人々に幸運を」。
　父王はジョージ6世。第一次世界大戦に参加、第二次世界大戦中も爆撃下のロンドンを離れず人々と苦難をともにし、国民に

愛された。その長女であった王女自身も第二次大戦では10代にして女子国防軍に入隊、軍用トラックでの物資運搬を担ったほか軍用車両の修理・整備も習得している。52年、王女が父の急逝を聞いたのは外遊先のケニアでのことだった。急遽帰国し齢25歳にして王位継承を宣言、女王エリザベス2世となった。翌53年に戴冠式を挙行、当日の沿道には300万人を超える人々が集まって祝福、その様子は各国でテレビ中継された。即位後も女王は毎年のクリス

2017年、ロンドンのバッキンガム宮殿にて。左から現国王チャールズ3世、エリザベス2世、その夫フィリップ殿下、いちばん右がウィリアム皇太子、キャサリン皇太子妃と夫妻の子ジョージ王子とシャーロット王女。

マス・メッセージやコモンウェルス（旧英連邦）の日のメッセージを発し続けて「国民に親しまれる王室」実現に努めるとともに、英連邦ほか諸外国を公式訪問、現代の王室外交を象徴する存在にまでなる。在位期間中の公式な外遊は実に130回、のべ262カ国。非公式の外国訪問まで含めれば、のべ350カ国以上にのぼるという。

外遊で「無礼」も経験
一方で旧敵国との「和解」も演出

とはいえ「愉快」な外遊ばかりではなかったようだ。

本書の監修・君塚直隆氏の『王室外交物語』によれば、女王にとって最も「無礼」と感じられた経験は、1980年モロッコ訪問時のことだろうとされている。

当時のモロッコ国王ハッサン2世は軍部と衝突、女王訪問時に何者かから暗殺予告を受け取った。ハッサンはそれを明かさず女王を昼食に誘った結果、昼食前に女王一行の予定変更のため姿を消し、女王夫妻を30度の炎天下ほったらかしに。「昼食」が始まったのは夕方遅くになってからだったという。

モロッコ訪問最後の晩にも一悶着があった。最終日はゲストである女王側が答礼晩餐会を開催する番だったが、暗殺予告を恐れるハッサンは大幅に遅刻、その上呼ばれてもいない自身の王族をぞろぞろ連れて現れたのだという。急遽、女王の厨房は予備の座席と食器、料理の追加に大わらわとなった。ハッサン没後、女王は二度とモロッコを再訪しなかった。

こうした不愉快な経験もある一方、女王の外遊は、かつて敵同士だった国々との和解への糸口となることもあった。1975年の訪日も、そうした和解の象徴だといえる。第二次大戦中の42年、日本は大英帝国の東南アジアにおける重要拠点シンガポールを陥落させた。以降の日本軍によるイギリス人捕虜への虐待は戦後に問題視されていた。戦後両国国交は回復しても、71年昭和天皇訪英時にはまだ抗議の声もあった。それが75年、女王が英国君主として初めて公式に訪日、その後はチャールズ皇太子が公式に訪日、その長男ウィリアム王子も東日本大震災の被災地を訪れるなどして、日英親善に努めている。

英国の政府機関

日本で中央官庁街を指して言う「霞が関」がロンドンの「ホワイトホール」。テムズ川西岸を南北に走る道路でイギリス政府を指す。首相官邸はダウニング街10番地にあって通称「ナンバー・テン」。議院内閣制のもと最高意思決定機関の合議機関＝内閣が行政に当たる。行政首長は首相。内閣は議員から選出され議会に責任を負う。

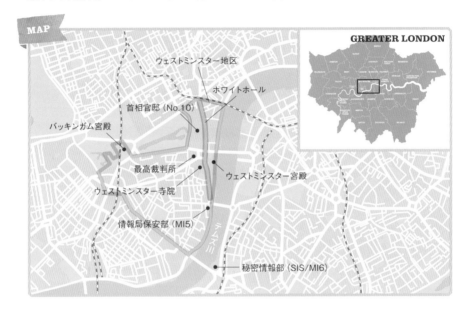

MAP

ウェストミンスター地区
ホワイトホール
首相官邸（No.10）
バッキンガム宮殿
最高裁判所
ウェストミンスター宮殿
ウェストミンスター寺院
情報局保安部（MI5）
秘密情報部（SIS/MI6）

GREATER LONDON

上下院議事堂
ビッグ・ベン併設のウェストミンスター宮殿が英国議会議事堂として用いられている。下院は定数650議席・任期5年で保守党が優勢。上院は議席定数・任期なし。特に予算審議などで下院が優位。

首相官邸
ウェストミンスター地区にある通りであるダウニング街の10番地。11番地が財務大臣官邸で、ダウニング街には外務・連邦省も面するため「ダウニング街」は政府の代名詞、「ナンバー・テン」が首相の代名詞。

👑 裁判所

教育と同じくイングランド及びウェールズ、スコットランド、北アイルランドは独立した制度をもつ。以下ではイングランド及びウェールズの裁判制度を紹介する。裁判所には最高裁・高等法院などの6つがあって管轄等が異なる。従来は国会の一院でもある貴族院が刑事・民事の最終上告審だったが、昨今改革され最高裁ができた。

MAP

ロンドン・スクール・オブ・エコノミクス
王立裁判所
トラファルガー広場
テムズ川
ウェストミンスター地区
サウス・バンク
最高裁判所
ビッグ・ベン

連合王国最高裁判所

従来、最高裁の役割は貴族院が果たした。ただこれでは三権分立、司法・立法の分離と整合しない。そこで労働党ブレア政権は2004年に憲法改革法案を提出して司法改革を行い、2009年最高裁設立にいたった。

🏳 イギリスの裁判所

※イングランドおよびウェールズ

	裁判所	職務分担	
		裁判前	裁判時
民事	高等法院（ロンドン） (High Court of Justice)	マスター (Master) 登録官 (Registrar)	高等法院裁判官 (High Court Judge)
民事	高等法院（地方） (District Registries of High Court)	地方判事 (District Judge)	高等法院裁判官が 巡回
民事	州裁判所 (County Court)	巡回裁判官 (Circuit Judge), 地方判事またはレコーダー (Recorder)	
刑事	刑事法院 (Crown Court)	重大事件：高等法院裁判官 または研修を受けた巡回裁判官	
刑事		一般事件：巡回裁判官 またはレコーダー	
刑事	治安判事裁判所 (Magistrates' Court)	地方判事または治安判事 (Justice of the Peace, Lay Magistrate)	

裁判所には最高裁・控訴院・高等法院・刑事法院・家庭裁判所（2014〜）・州裁判所および治安判事裁判所がある。従来、州裁判所は家事関係事件も管轄したが、家庭裁判所の設置にともなって家事関係事件はすべて家裁管轄になった。他の紛争解決機関に各種の審判所などもある。

英国の法の守り人

イギリスにも法の番人として弁護士・検察官・裁判官や警察がいるが、日本の司法制度とは少し異なる。例えば法曹一元といって裁判官・検察官は弁護士が兼任する。ア

メリカと同様に陪審制を採用するが、陪審裁判は全体の数％と極めて少ない。一方ガウン・カツラなど伝統的な衣装も眼に楽しい。かんたんに紹介しよう。

裁判官

♛ 裁判官、弁護士…

弁護士には法廷弁護士（バリスタ）と事務弁護士（ソリシタ）がいる。法廷弁護士は法廷弁論や法律意見書作成を行い、依頼者から直接事件を受任せず事務弁護士が受任した事件について事務弁護士から依頼を受ける。事務弁護士は弁論以外の法律事務、被告人接見や証拠収集、裁判以外の法律書類の作成などを行ってきた。最近は両者の差が小さくなり、法廷弁護士も依頼者から直接事件を受任、事務弁護士が一定の法廷弁論ができるようになった。弁護士・検察官の一定の経験を経て、40歳以上の者が裁判官になるが、裁判官任命の法廷・事務弁護士間格差も縮小傾向にある。

弁護士のカツラは一部裁判で廃止されることに。

Column

なぜスコットランド・ヤード？

ロンドン警視庁の通称はスコットランド・ヤード。イングランドなのになぜ？　それは1829年創立当時、初代庁舎がスコットランド王の屋敷跡があった通り「スコットランド・ヤード」にあったから。

スコットランド・ヤード

♛ イギリスの警察官

イングランドやスコットランドなど各行政区分に地方警察がいる。ロンドン市警の管轄はシティ・オブ・ロンドン。通常イギリスの警官は銃をもたず、非常事態時などにのみ銃携帯が許される。各警察は内務省管轄下にあり、同省は関連立法、政策立案などを行う。警察刑事証拠法（PACE）により取調べの録音が義務づけられている。

伝統的な警察の制服　　現代の警察の制服

イギリスの一般的なパトカー

どうしたら弁護士になれる？

日本の司法試験のような統一試験はない。法廷・事務弁護士とも大学法学部（最低3年）卒業程度を要し、法廷弁護士はその後4つある法曹院での養成コース（BPTC）修了が必要。のち前後半年ずつ計1年の実務研修を行う。事務弁護士は大学卒業後に原則1年の養成コース（LPC）を修了、法律事務所での2年の実務研修を行う。

法廷弁護士	事務弁護士
大学法学部（最低3年）卒業、非法学部出身者は法学準修士課程を修了	
4法曹院いずれかでのバリスタ養成コース修了	ソリシタ養成コース（原則1年）修了
法律事務所の実務研修生として計1年の実務研修	法律事務所での2年間の実務研修

Chapter

4

♛

社会＆文化

英国の議会

議会民主制・二大政党制を世界に先駆けて実現したイギリス。議会は上院（貴族院）と下院（庶民院）からなり、原則的に下院優位。現在は上下院とも保守党が優勢で、通常は第1党の党首が首相となる。長い歴史を経て整備されてきた議会制度だけに、イギリス独特の伝統や風習が垣間見られる。イギリスらしい議会を覗いてみよう。

👑 現リシ・スナク政権、議会の現状

⚜ 下院（庶民院）の構成

保守党 356	労働党 195			

スコットランド国民党（SNP）44　　民主ユニオニスト党（DUP）8

自由民主党 14　その他（小政党、無所属、議長等）33

原則下院優位の二院制、保守党・労働党による二大政党制。下院議席の定数650、上院議席に定数はなく2023年8月現在779議席。下院で現与党・保守党議員が過半数、上院で保守党優勢。

13世紀シモン・ド・モンフォールの議会では、初めて貴族・聖職者以外に庶民・騎士が議会に招集された。17世紀にはイギリス革命を経て政党が誕生、王権制限が進み議会優位が確立、議会の毎年開催が制度化された。現在は、議院内閣制のもと下院議席の過半数を得た政党の党首を国王が首相に任命する。とはいえ課題も指摘され、いまなお政治改革が行われている。労働党ブレア政権は1999年上院（貴族院）改革を提案、上院から92名を残し世襲貴族を排除、世襲貴族が自動で上院議員になる権利を剥奪した。また2010年から保守党政権が続き、長期政権の弊害やEU離脱の後遺症にも悩む。経済対策に向け生活防衛・公的債務圧縮が急務だ。

⚜ 下院・上院（貴族院）の任期など

下院	任期	5年、解散あり
	議席数	定数650
上院	任期	なし ※原則終身、聖職者は職にある期間
	議席数	定数なし ※一代貴族（任命制）、世襲貴族（世襲貴族内の互選）、聖職者（国教会幹部）から構成される。非公選制。

ウェストミンスター宮殿に上下院会議場がある。

👑 風変わりな慣習

Order!
Order!
（静粛に！）

2019年まで10年下院議長を務めたジョン・バーコウ氏の「Order!」の叫び声を覚えている人も多いだろう。英国議会には奇妙な慣習がある。下院議長が決まると議長席に引きずられていくのもそのひとつ。

上院だけに玉座がある

イギリス議会は君主演説が上院で行われて幕が開く。17世紀以来、君主は下院に足を踏み入れておらず、下院では君主からの独立を示すため君主の目の前で議場の扉を閉めるのが恒例行事。

上院議場にある玉座。

ネズミが出る

イギリス議会はネズミに悩まされ、巨額の害獣駆除費用を計上している。なお首相官邸では猫が「ネズミ捕獲長」として任命されている。

毎週「首相質問時間」がある

イギリス議会には議事日程のひとつに与野党の議員が首相・閣僚に質問できるクエスチョン・タイムがある。ブレア元首相は毎週水曜正午に定め、のちに「あの時間は心底いやだった」と話している。

けんかはダメ

与野党が対峙して座る間に剣2本分ある2本の赤い線が引かれ、議員が踏み越えることはできない。

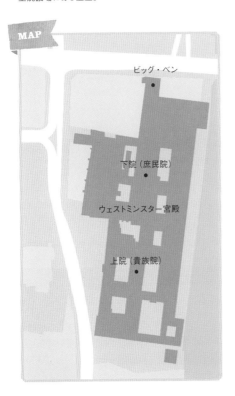

MAP

ビッグ・ベン

下院（庶民院）

ウェストミンスター宮殿

上院（貴族院）

英国のスパイ

映画007シリーズでジェームズ・ボンドは英国秘密情報部＝MI6に所属、各国を渡り歩いて諜報活動を行い、現地の情報要員や米CIAなどと協力して華麗にイギリスの外交問題を解決する。こうした小説や映画でおなじみのスパイだが、実際のインテリジェンス（諜報）はどうなっているのだろうか。活動の概要と機構を見てみよう。

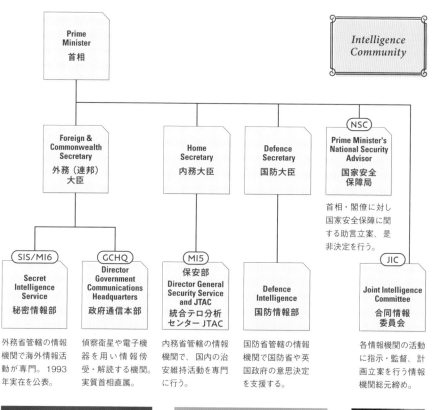

Prime Minister
首相

Intelligence Community

Foreign & Commonwealth Secretary
外務（連邦）大臣

Home Secretary
内務大臣

Defence Secretary
国防大臣

NSC
Prime Minister's National Security Advisor
国家安全保障局

首相・閣僚に対し国家安全保障に関する助言立案、是非決定を行う。

SIS/MI6
Secret Intelligence Service
秘密情報部

外務省管轄の情報機関で海外情報活動が専門。1993年実在を公表。

GCHQ
Director Government Communications Headquarters
政府通信本部

偵察衛星や電子機器を用い情報傍受・解読する機関。実質首相直属。

MI5
保安部
Director General Security Service and JTAC
統合テロ分析センター JTAC

内務省管轄の情報機関で、国内の治安維持活動を専門に行う。

Defence Intelligence
国防情報部

国防省管轄の情報機関で国防省や英国政府の意思決定を支援する。

JIC
Joint Intelligence Committee
合同情報委員会

各情報機関の活動に指示・監督、計画立案を行う情報機関総元締め。

ロンドンの SIS/MI6 本部。

ロンドンの MI5 本部。

♛ そもそもインテリジェンスって?

ヒューミント

人的諜報＝人による情報収集・分析活動。俗に言うスパイ活動。人との接触を通じて得た情報から目的の成果を導く。

シギント

通信・電磁波・信号などを傍受して分析する、軍事・安全保障上の諜報活動。傍受・盗聴・暗号解析などを行う。

イミント

衛星画像・航空写真により得た画像を分析して情報を得る活動。ロシアのウクライナ侵略で有名に。

オシント

オープンソース・インテリジェンス、公開されている情報から必要な情報を収集・分析する活動。

MI6とMI5、イギリス諜報の歴史

世界で最も優秀とされる英国インテリジェンスにも歴史がある。18世紀に機密費が誕生、19世紀に度重なる戦争遂行に応じ情報部門の組織化・精緻化が進んできた。クリミア戦争（1853〜56）ではクリミアの基本的な地図さえない情報不備を反省し地形・統計局を新設、のちの陸軍情報部となる。南ア戦争（1899〜1902）で情報部は拡大するが戦勝にほぼ寄与せず、これを顧み軍事作戦局第5課がのちMI5へと発展した。機密サービス局の設置が1909年、のちのSIS（MI6）である。

♛ 情報機構改革

英国情報コミュニティー設立から100年の2009年、政府は「中央情報機構改革案」を発表した。遡る04年、イラク戦争の根拠となった大量破壊兵器の不在がわかり、その失態を調査・報告したバトラー報告書が提出された。これに基づき「いかに内閣が上手く情報機構を運用できるか」が検討され、09年改革案発表に至る。

イラク戦争。多国籍軍がイラクに侵攻して開戦。

英国の経済

「世界の工場」と呼ばれた大英帝国の繁栄もいまは昔。第二次世界大戦後の経済成熟にともなう低迷には「英国病」との不名誉な呼び名さえ得た。しかしサッチャー政権（1979～1990）以降はリーマン・ショックまで、GNIはほぼ右肩上がり。のちのEU離脱＝ブレグジットの影響は？ イギリス経済のいまを見てみよう。

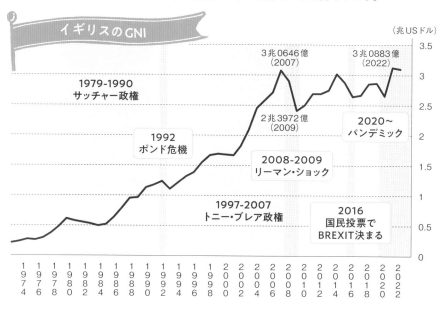

イギリスのGNI

（兆USドル）

3兆0646億
（2007）

3兆0883億
（2022）

**1979-1990
サッチャー政権**

**1992
ポンド危機**

2兆3972億
（2009）

**2020～
パンデミック**

**2008-2009
リーマン・ショック**

**1997-2007
トニー・ブレア政権**

**2016
国民投票で
BREXIT決まる**

GNIトップ10カ国 （2022年）

順位	国・地域	金額（US $）
1	アメリカ	25兆9783億
2	中国	17兆7709億
3	日本	4兆5009億
4	ドイツ	4兆2413億
5	インド	3兆3483億
6	イギリス	3兆1047億
7	フランス	2兆8283億
8	ロシア	2兆1933億
9	カナダ	2兆1165億
10	イタリア	2兆0682億

イギリス経済、最近の様子は？

直近ではEU離脱が決まった2016年、それにパンデミック（新型コロナの世界的大流行）開始の20年に落ち込んだ。21年に回復を見せるが、日本の外務省見解ではEU離脱や労働者不足にウクライナ情勢も加わり、供給網の混乱、電気・ガスを含む物価上昇に直面する。スナク首相は23年末の演説で経済は成長していると言明、減税やエネルギー安定供給、債務削減など経済成長への取り組みを続ける姿勢を見せた。

サッチャーの経済政策

産業弱体化や労働党政権への失望を受け政権に就いたサッチャー。財政引き締めで小さな政府を志向、経済改革・規制緩和などを行う経済政策で英国病を克服、経済を再生したとされる。国有企業民営化や金融・証券改革など、これら経済政策はのち新自由主義として知られるようになる。

トニー・ブレアの経済政策

サッチャーと同じ改革政権となった。旧弊な労働党路線から離れ、自由競争に基づく競争原理を取り入れつつ、失業者などの弱者を職業訓練などで積極的に支援する「第三の道」を説いた。結果、政権にあった期間GNIは約2倍に。労働者より中産階級に支持され新しい労働党が誕生した。

👑 主要産業と著名企業

主要産業は輸出をけん引し主要雇用先である自動車、国際石油資本（メジャー）を有する石油・ガス、航空宇宙産業、世界最大の金融センター・ロンドンを擁する金融、先端科学の成果である医薬品・医療用品など。なお対日貿易は輸出入とも増加傾向。

⚜️ イギリスの大企業 (フォーブス、2022年ランキングより)　B=10億、1$＝140円で換算

	RANK	SALES	PROFIT	MARKET VALUE	
シェル	11	$365.89 B	$43.51 B	$205.45 B	約28兆7630億円
HSBCホールディングス	20	$73.98 B	$22.19 B	$151.19 B	約21兆1666億円
BP(ブリティッシュペトロリアム)	28	$248.11 B	$25.89 B	$108.3 B	約15兆1620億円
リオティント	101	$55.34 B	$12.15 B	$102.09 B	約14兆2926億円
ユニリーバ	104	$63.11 B	$8.05 B	$140.02 B	約19兆6028億円
ブリティッシュアメリカンタバコ	110	$34.06 B	$8.15 B	$78.9 B	約11兆0460億円
アストラゼネカ	126	$43.85 B	$4.73 B	$233.12 B	約32兆6368億円
ロイズ・バンキンググループ	147	$27.97 B	$7.05 B	$37.83 B	約5兆2962億円
リンデ	162	$33.35 B	$4.49 B	$179.61 B	約25兆1454億円
バークレーズ	164	$30.93 B	$6.5 B	$30.04 B	約4兆2056億円

::::::::::::::::::::::::

列伝②

::::::::::::::::::::::::

エリザベス1世

イングランドの未来を託された
フェアリー・クイーン

　1559年1月、エリザベス1世の姿はウェストミンスター修道院にあった。齢25歳。華やかに戴冠式を挙げた彼女は、どこか陰鬱な雰囲気をまとった前女王の姉メアリ1世とは異なり、若くて美しく「フェアリー・クイーン＝妖精女王」と呼ばれた。国民はテューダー朝の新女王にイングランドの未来を託したのだ。

エリザベス1世
（在位1558 ～ 1603）

ヘンリ8世と2度目の妃アン・ブーリンの子。母が不義密通を行ったとしてロンドン塔で処刑死したことで庶子とされ、一時は王女の称号を剥奪された。

　彼女がそう呼ばれる背景にはメアリ1世との抜き差しならない確執があった。メアリは父のヘンリ8世と最初の王妃キャサリンとの間に生まれた王妃だが、ヘンリ8世は寵愛するアン・ブーリンと再婚するためにキャサリンとの婚姻関係無効を宣言。これによってメアリは王女の身分を剥奪されてしまう。

　アンはメアリに対し、代わって王女の地位についたエリザベスへ従うことを強要したが、メアリはエリザベスを「妹としては認めるが、王女としては認めない」と突っぱね、怒ったアンはメアリをエリザベスの侍女の身分におとしめたという。

　エリザベス1世が最初に取り組んだのはイングランド国教会の復活だ。カトリックを後ろ盾とした姉メアリ1世は、イングランド国教会に連なるプロテスタントに対して迫害を行い「ブラッディ・メアリ（血まみれのメアリ）」と呼ばれた。国民の反対を押し切ってのスペイン王フェリーペ2世との結婚も民衆の悪評を買うなか、58年に病死した。同年、新女王が即位する。

外交策士の顔も持つ
ヴァージン・クイーン

　フェアリー・クイーンの愛称とは裏腹に、エリザベス1世は外交でも辣腕ぶりを見せ

スペインのフェリーペ2世が派遣した無敵艦隊（アルマダ）は英海軍の前に大敗。これを機に「太陽の沈まぬ国」スペインの威信は失墜、衰退への遠因となった。

フェリーペ2世
（位1556～98）

父カルロス1世はハプスブルク家の神聖ローマ帝国皇帝（カール5世）。父から広大な版図を継承、政治的にはスペイン黄金期である一方、経済破綻は進んでいた。

る。当時、敵対していたフランスはユグノー戦争という宗教戦争で国内は混乱。同じくスペインはネーデルラント独立戦争に悩まされていた。エリザベス1世とその側近は、カトリックの国であるフランスとスペインの対立を巧みに操るため、双方のプロテスタント勢力に裏から資金や情報を提供し、戦争長期化を画策した。また、新大陸から金銀財宝を本国へと運ぶスペイン船を、彼女の信が篤いフランシス・ドレイクらの海賊に襲わせ、スペイン国王フェリーペ2世を大いに刺激した。スペインはメアリ1世の母であるキャサリン・オブ・アラゴンの血筋であり、スペイン王フェリーペ2世がメアリの夫となっていたのである。

そんな矢先、フェリーペ2世がスコットランドでの旧教再興の希望を託していたスコットランド女王が、度重なるエリザベス1世暗殺未遂事件に関わった疑いで枢密院の許可により処刑される。ここに至り、フェリーペ2世は無敵艦隊を英仏海峡に差し向けた。無敵艦隊の来襲を目前に控え、彼女は兵士たちを前にこう演説したという。「私の肉体はか弱い女性のそれであるかもしれないが、私は王者の心根を持ち合わせてい

る」と。スペイン無敵艦隊は、イングランドの巧みな戦術やアイルランド海での大嵐により惨敗を喫してしまった。

エリザベス1世が治めた時代はエリザベス朝と呼ばれ、イングランドの黄金期と言われる。劇作家ウィリアム・シェイクスピアらが出てイギリス・ルネサンス期を大いに盛り上げた。

一方、彼女は生涯独身であった。彼女の側近たちは、テューダー朝の安泰を図るためにも早く結婚するよう促したが、彼女に結婚の意思はなかった。即位後すぐの議会で早くも次のように宣言している。「このような時世で君臨する女王は処女として死ぬのが運命である」と。このことから「ヴァージン・クイーン」とも呼ばれる。現実のエリザベス1世は儀式が大好きで、歳を重ね治世も後半になると、金糸銀糸が縫い込まれた豪奢な衣装をまとって宝石を数多く身につけ、大きい赤毛のカツラを被って「グロリアーナ（永遠に歳をとることのない栄光の身）」と呼ばれた。女王としてイングランドを率い、栄光をもたらした彼女は、人として幸せだったのか、その心の内は「神のみぞ知る」のだろう。

英国の公園

ロンドンっ子が愛し憩う数々の公園のうち、ハイド・パークやリージェンツ・パーク、セント・ジェームズ・パークやグリーンパークなど著名なものは王立公園。ここに挙げた公園のすべてはかつてのイングランド王たちが囲い地にして鹿を放ち、鹿狩りを楽しんだ土地だ。著名なイギリスの王立公園を紹介しよう。

ヘンリ8世（位1509〜47）は狩猟好き。多くの土地を囲い込み、鹿狩りを楽しんだ。

♛ Park（公園）の起源

Parkはもともと「囲い地」の意味。特に歴代の王たちが囲い地に鹿を放ち、狩猟を楽しんだ王家の地が今もロンドンや各地に王立公園として残っている。一方、国立公園はイギリスでは19世紀にその素地が生まれた。産業革命で都市人口が急増、貧困層の住環境が劣悪になりコレラによる大量死も発生した。都市周辺の公共の散歩道・オープンスペースによる市民の健康・レジャー増進が提案され、次第にこれを求める動きが高まった。1875年「公衆保健法」により、公共歩道および遊園が設置可能になる。のち実際に国立公園が法制化されたのは1949年のことだった。

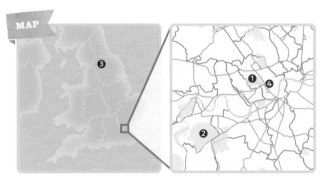

MAP

❶ハイド・パーク
Hyde Park

❷リッチモンド・パーク
Richmond Park

❸スタッドリー・
ロイヤル・パーク
Studley Royal Park

❹セント・ジェームズ・
パーク
St. James's Park

❶ハイド・パーク

ヘンリ8世がウェストミンスター寺院の土地を買い上げ、鹿狩りのための囲い地にしたのが起源。1851年第1回万博の会場。北東隅にはスピーカーズ・コーナーと呼ばれる区画があり、1872年以来、自由な討論が行われる場所となった。

❷リッチモンド・パーク

チャールズ1世（位1625〜49）がロンドンに蔓延したペストから逃れるため、1625年に宮廷をここに移したのが起源。やはり鹿狩りのために鹿を放った。現在も鹿が生息、公園内の屋敷では哲学者バートランド・ラッセルが幼少期を過ごした。

❸スタッドリー・ロイヤル・パーク

イングランド北部にあり、ファウンテンズ修道院遺跡群を含む同王立公園は世界遺産。ノルマン・ロマネスク様式のファウンテンズ修道院は1132年シトー派修道士が創設。さまざまな時代の様式をもつ建物が点在する美しいウォーターパーク。

❹セント・ジェームズ・パーク

ロンドン最古の王立公園。3つの王宮に囲まれている。ここもヘンリ8世が狩猟場として開拓、宿泊施設を建設しのちセント・ジェームズ宮殿となる。1664年ロシア大使がチャールズ2世にペリカンを贈呈、以降ここでペリカンが飼育されている。

英国の**カントリーハウス**

カントリーハウスとは、貴族やジェントリなど富裕な地主層が、田舎の自らの所領に建てた豪華な邸宅のこと。ドラマ『ダウントン・アビー』でもおなじみだ。16 〜 19世紀にかけ、つくられたものが多い。現在、主要なカントリーハウスは重要文化財としてナショナルトラスト管理下にある。貴族たちはそこでどのように過ごしたのだろうか。

MAP

カントリーハウス
（所領にある邸宅）

タウンハウス
（ロンドンの邸宅）
ロンドン

♛ 貴族・ジェントリの優雅な生活

貴族らは普段は自らの所領にあるカントリーハウスに住み、春先から初夏までのソーシャル・シーズンと呼ばれる時期に、ロンドンなど都会のタウンハウスに移動する。カントリーハウスの多くは豪華で広壮、都会の一等地に建つタウンハウスも贅を尽くしたものだ。

ギャラリー（回廊）。肖像画などが飾られ、のち美術館の源流に。

Column

ジェントリとは

中世後期に現れた新興富裕層。郷紳・地主貴族とも呼ばれ通常は土地を持ち、貴族の下、ヨーマン（独立自営農）の上に位置する。地方の有力者層として台頭、庶民院議員などを輩出し政治力をつけていった。

♔ 貴族の使用人たち

こうした豪邸には住むだけで大変な費用がかかる。大戦を経るごとに使用人の数は減っていくが、それでも数十人の使用人をかかえる邸宅もある。使用人の種類やお仕事を見てみよう。

執事
Butler

使用人頭。主人への給仕、土地・屋敷の管理、使用人の管理や当主留守中の守りなど、全般的な管理業務を行う。代々伝わる貴重な銀器を磨くのも仕事。

コック長
Cook

台所で働く者たちを統括する長、自ら調理する場合も。日々の食事・パーティの献立準備、食品発注や台所の維持管理なども行う。

ハウスキーパー
Housekeeper

もともと家政全般の監督、食糧の貯蔵管理、女性使用人らの監督を行い、家政婦長とも呼ばれた。現在は女性家事使用人を指す。

ナニー／ガヴァネス
Nanny/Governess

ナニーは乳母。一般に女性が母親に代わり貴族子弟を育児、規則正しい生活管理・行儀を教える。ガヴァネス＝女性家庭教師はその後、家庭内の教育・訓練を行う。

その他の使用人
Other Domestic Servants

他にパン職人、パティシエ、主人の行き先に常にお供する従者、夫人の話し相手をするコンパニオン、荷物を運ぶポーター、洗濯女中、庭師、電話番、厩舎要員など。

♞ Column

養成学校まである

イギリスや他の国にも、執事やハウスキーパーの専門知識・技術が習得できる養成学校がある。例えば執事コースなら、面接・雇用など使用人管理、当主などのスケジュール設定・管理、不動産売買など屋敷・土地の管理、マナーやメニュー作成などテーブル管理、ランドリー・在庫など衣装管理、マナーや最新技術などを学ぶ。

英国のシーズン

カントリーハウスが貴族・郷紳がもつ田舎の所領にある本邸なら、タウンハウスは社交シーズンを過ごす都市部にある別邸。シーズンは主に春から夏で、領主が議席をもっている場合は年末の議会開始から。シーズンは17〜18世紀に発展し、19世紀に最盛期を迎えた。いまもロンドン一等地に一軒家や集合住宅のタウンハウスが残る。

♛ 豪華なタウンハウス

バーリントン・ハウス

1664年築、68年初代バーリントン伯が購入。1854年に政府が購入、現在は王立美術院、地質学会、王立天文協会、王立化学会、ロンドン古物協会、リンネ協会など学識団体が使用。

MAP

バーリントン・ハウス

ハイド・パーク

アプスリー・ハウス

テムズ川

アプスリー・ハウス

1770年代に設計・建築、1817年に初代ウェリントン公が購入。「ロンドン1番地」の愛称で知られ、公の貴重な絵画、磁器、彫刻や家具などの博物館として一般公開されている。

⚜ ロンドン以外にもあるタウンハウス

レンスター・ハウス

1745年建築、ダブリン中心街にあり、かつてはレンスター公の邸宅。1922年からはアイルランドの国会議事堂として使用されている。

ビュート・ハウス

18世紀末に計画・建築開始、1966年ビュート侯がスコットランドに譲渡、1999年からはスコットランド首相官邸として使用されている。

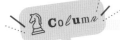

シーズンのイベント

各地の貴顕がロンドンなど大都市に集う社交シーズンには、華やかなイベントが開催され、各国の貴賓も集まる。有名なのがロイヤル・アスコット競馬やロイヤル・レ ガッタ、結婚適齢期の若者たちの社交界デビュー・舞踏会など。参加には現在もなお厳格なドレスコードが適用され、華やかな衣装を身にまとった紳士淑女が集う。

ロイヤル・アスコット
Royal Ascot

ロンドンで最も有名なアスコット競馬場では、6月第三週に英王室がロイヤル・アスコット競馬を開催する。1711年にアン女王が開催したのがはじまりとされ、故エリザベス2世は1945年から毎年参加、女王の最も好きな週と言われた。セレブたちが毎年微妙に異なるドレスコードで着飾り集う。

ヘンリー・ロイヤル・レガッタ
Henley Royal Regatta

ロンドンから西約60kmのテムズ川上で行われる夏の風物詩。各国からチームが集い、2レーン上を1対1で争う対抗戦。レースコース約2km。1839年開催がはじまりとされ、世界で最も厳格なドレスコードでも知られる。

舞踏会ほか
Ball, Flower Show, Tennis, etc.

左は「Queen Charlotte's Ball」、18世紀に始まる上流社会へのデビュー舞踏会。他に現代でも各種祭典・音楽祭、フラワー・ショー、ウィンブルドン、ポロやクリケット、王立アカデミー展示会などが開催される。

5

chapter

芸術&文化

イギリスと言えばシェイクスピア?
007? 他にも、 好きな人にはたまらな
い推理小説や演劇、 映画、 美術など
など。 イギリス芸術のポイントを押さ
えておこう。

英国の
ファンタジー・児童文学①

英国の文学作品には、世界におけるファンタジー作品の中でポピュラーな地位を占めているものが少なくない。その多くは映画化、アニメ化され、世界中にファンを増やすという相乗効果も生んでいる。ルイス・キャロルの『不思議の国のアリス』やヒュー・ロフティングの『ドリトル先生』など、挿画が美しい作品が多いのも特徴的だ。

不思議の国のアリス

Alice's Adventures in Wonderland

白うさぎを追って頭から穴に落ちたときから、少女アリスの不思議な旅が始まる。チェシャ猫やトランプの兵隊など謎のキャラクターたちと出会ったりしながら、奇想天外な冒険が続く。

ピーター・パン

Peter Pan

ダーリング家の子どもウェンディたちが、空飛ぶ不思議な少年、ピーター・パンとともにネバーランドへ飛び立ち冒険を繰り広げる。

宝島

Treasure Island

亡くなった船乗りの持ち物から宝島の地図を手に入れた少年ジム。地図を狙う海賊たちから追われながらも宝探しの冒険に出かける。

指輪物語

The Lord of the Rings

冥王サウロンが作った「1つの指輪」を破壊するための冒険と友情が描かれる。映画「ロード・オブ・ザ・リング」の原作でもある。

ナルニア国物語

The Chronicles of Narnia

創造主「アスラン」により開かれた架空の世界ナルニアを舞台に、第二次大戦下のイギリスの少年少女が時空を超えて冒険をする。

ハリー・ポッター

Harry Potter

魔法使いの少年ハリー・ポッターの学校生活や、ハリーの両親を殺害した強大な闇の魔法使いヴォルデモートとの戦いを描いた物語。

ドリトル先生

The Story of Doctor Dolittle

動物と話せる医者で博物学者のドリトル先生が、助手のトミー少年とおなじみの動物たちを連れ、世界中を冒険する長編シリーズ。

パディントン

Paddington Bear

パディントン駅のプラットホームで独り佇んでいたクマ。身寄りがなくペルーからやって来たがブラウン夫妻にひきとられ大活躍する。

ジャングルブック

TheJungle Book

ジャングルで狼に育てられた人間の子どもモーグリが、動物たちと交流しながら成長し、やがて人間社会へと戻るまでが描かれる。

チョコレート工場の秘密

Charlie & the Chocolate Factory

チョコレート工場主ウォンカが、チャーリーたち5人の子どもを工場見学に招待するが…。ウォンカが作り上げた奇想天外な世界を描く。

小公子

Little Lord Fauntleroy

ニューヨークの下町で暮らす少年セドリックが、跡取りとして迎えられたイギリス貴族である祖父の傲慢な心を動かしていく物語。

黒馬物語

Black Beauty

主人公である馬のブラック・ビューティーが波乱万丈の末、心優しい飼い主のもとにたどり着くまでを、主人公の馬の視点から描く。

英国の
ファンタジー・児童文学②

英国の児童文学作品の中には、子ども向けの話の体裁を取りながら、スウィフト作「ガリバー旅行記」をはじめ英国社会などに対する強烈な皮肉が隠されている作品も少なくない。チャールズ・ディケンズやオスカー・ワイルドの作品に見られるように、自己犠牲、博愛精神といったキリスト教的な倫理観を色濃く映し出したものも多い。

ロビン・フッド
Robin Hood

中世イングランド、シャーウッドの森に住む伝説的な義賊で民衆の英雄、そして弓の名手でもあるロビン・フッドの活躍を描く。

ガリバー旅行記
Gulliver's Travels

小人の国や巨人の国、空飛ぶ島の国、江戸時代の日本に至るまで、主人公ガリバーがさまざまな国を旅する全4編からなる物語。

メリー・ポピンズ
Mary Poppins

舞台は1910年のロンドン。バンクス夫妻のもとに風に乗ってやってきた不思議な力を持つ家庭教師が、子どもたちを非日常的な体験へ誘う。

くまのプーさん
Winnie-the-Pooh

クマのぬいぐるみのプーと森の仲間たちがおりなす物語。ミルンの息子、クリストファー・ロビン・ミルンとぬいぐるみがモデル。

マザー・グース
Mother Goose

マザーグースとは英語の伝承童謡の総称のこと。特定の作者がいるわけではなく、昔話のように親から子へと伝えられてきた。

ピーター・ラビット
The Tale of Peter Rabbit

ビアトリクス・ポターの作。いたずらっ子のうさぎが織りなす物語は、彼女が家庭教師をしていた頃の教え子に宛てた絵手紙が原点。

アーサー王物語
Arthurian Legend

アーサー王と円卓の騎士団にまつわる伝説の総称。アーサー王のモデルは、5〜6世紀にかけて実在したケルト民族の英雄とされる。

ロビンソン・クルーソー

The Life and Strange Surprising Adventures of Robinson Crusoe

乗っていた船が難破して1人無人島に漂着した主人公が、自給自足の原始的な生活から便利な道具を作り、必死で生きる姿を描く。

クリスマス・キャロル

A Christmas Carol

守銭奴の老人スクルージが、クリスマス・イブに精霊の訪問によって自分の過ちを教えられ、後悔して温かい心の持ち主になる物語。

ピクウィック・クラブ

The Pickwick Papers

陽気な紳士ピクウィックは、人を助け悪をこらしめようとするが、行く先々で失敗ばかり。笑いの底に人間回復の願いを託した物語。

3匹の子豚

The Three Little Pigs

3匹の子豚がそれぞれ独立するために家を建てる話を通じ、勤勉な人間であるほど最後には大きな結果を残せるという教訓を伝える。

フランダースの犬

A Dog of Flanders

舞台は19世紀ベルギー北部のフランドル地方。絵画をテーマとして、貧しい少年ネロと犬のパトラッシュの友情を描いた悲しい物語。

小公女

A Little Princess

寄宿学校で学ぶ少女セーラが父の死と破産にあい、はじめての世間の冷たさに直面しながらも謙虚で誠実な生き方を貫いていく。

幸福な王子

The Happy Prince

ある街に建つ「幸福な王子」と呼ばれる像が、困っている人々のため自分の体を覆う金箔までも分け与えるという自己犠牲の物語。

英国の推理小説

日本では金田一耕助、アメリカでは刑事コロンボなど名推理によって事件を解決する主人公を思い浮かべるが、その源流をたどるとコナン・ドイルが生んだ名探偵シャーロック・ホームズに行き着く。ドイルの成功によって推理小説は世の中に認知されていき、ふたつの世界大戦の間の20年は推理小説の黄金時代とも言われている。

コナン・ドイル

Arthur Conan Doyle

1859 ～ 1930年。 スコットランド生まれ。 エディンバラ大学で医学を学び、 医師として開業したが成功せず、学生時代から書いていた小説の執筆に力を入れるようになる。 探偵シャーロック・ホームズを主人公とする一連の小説で人気を得、 推理小説というジャンルを確立した作家とされる。 推理小説以外にも冒険小説、 科学小説なども数多く発表。

緋色の研究

名探偵シャーロック・ホームズの初登場作。 盟友ワトスンとホームズの出会いから、 その後急つく間もなく展開する殺人事件を描く。 ホームズの名推理力が冴えわたる。

バスカーヴィル家の犬

イングランドの沼沢地、ダートムアの旧家バスカーヴィル家の当主ユーゴーが悶死した事件には、 大きな犬の不思議な足跡があった…。怪奇な謎にホームズが迫る。

ドロシー・セイヤーズ

Dorothy Leigh Sayers

1893 ～ 1957年。 オックスフォードで牧師の娘として生まれる。 探偵であり英国貴族のウィムジイ卿が登場する推理小説を次々に発表。 女流作家としてアガサ・クリスティと並ぶ名声を得た。

ナイン・テイラーズ

田舎の村に死者を弔う教会の九告鐘が鳴る。 墓地で掘り出された男の死体の謎にウィムジイ卿の名推理が冴える。

アガサ・クリスティ

Agatha Christie

1890 〜 1976 年。イギリス南西部デボンシャーの資産家の家に生まれる。発表された小説の多くは世界的なベストセラーとなりミステリーの女王と呼ばれる。探偵エルキュール・ポワロと老嬢ミス・マープルを主人公とする作品が名高い。

エルキュール・ポワロはベルギー人で、緑の眼に卵型の頭、大きな口髭、三つ揃いの仕立て服という出立ちで登場。

オリエント急行の殺人

国籍も身分も様々な乗客が乗るヨーロッパを走る豪華列車オリエント急行。その車内で老富豪が刺殺体で発見され、偶然乗り合わせた名探偵ポワロが捜査に乗り出す。

ABC殺人事件

ポワロのもとに、文末に「ABC」と署名された殺人予告状が届く。この手紙が予告した通りに殺人事件が起き、死体の傍らには「ABC鉄道案内」が添えられていた。

ギルバート・チェスタトン

Gilbert Keith Chesterton

1874 〜 1936 年。ロンドンで不動産業の子に生れる。セントポール校、スレード美術学校で学んだ後、書評家として20歳ごろから執筆を開始しジャーナリストとしても活躍。ローマ・カトリックの文筆指導者としてカトリック復興と伝統主義を主張した。代表作に『ブラウン神父の童心』をはじめとするブラウン神父シリーズ、『ディケンズ論』『詩人と狂人たち』などがある。

コリン・デクスター

Colin Dexter

1930 〜 2017 年。人気警察小説『主任警部モース』シリーズで著名な推理作家。同シリーズはTV化もされ、国民的人気を誇った。版元の編集責任者は訃報に接し「英国犯罪小説の最高峰だった。(中略) みんなにとってとても悲しい日だ」と話した。

ダフネ・デュモーリア

Daphne du Maurier

1907 〜 1989 年。ロンドンで俳優の両親の元に生まれる。代表作『レベッカ』は英米でベストセラーとなり、アルフレッド・ヒッチコックによって『鳥』とともに映画化される。他に『埋もれた青春』『真夜中すぎでなく』などを発表。

英国のスパイ小説

実際に本人がスパイであった経験をもつ作家が書くこともある英国のスパイ小説。ジョゼフ・コンラッドが19世紀末のロンドンに蠢く人物たちに光を当てた『密偵』、

サマセット・モームによる作品集『英国諜報員アシェンデン』などののち、東西冷戦時代を含む国家間の諜報戦の舞台裏が、虚実を交え描かれるようになる。

イアン・フレミング

Ian Lancaster Fleming

1908～1964年。ロンドンの富裕なメイフェア地区生まれ。陸軍士官学校卒業後、銀行などの勤務を経てロイター通信社モスクワ特派員となる。第二次世界大戦中は海軍情報部に勤務。戦後はジャマイカの別荘に住み、それまでの体験を生かしてイギリス秘密情報部のスパイ、ジェームズ・ボンドを主人公とする国際的スパイ合戦のシリーズ作を発表する。

007シリーズ

007（ダブルオーセブン）のコードナンバーを持つイギリス人スパイ、ジェームズ・ボンドを主人公とする国際的冒険活劇シリーズ。長編第1作は「カジノ・ロワイヤル」。映画化第1作「007は殺しの番号」（邦題は後に007／ドクター・ノオに改題）、第2作「007／ロシアより愛をこめて」が人気を決定づける。

グレアム・グリーン

Graham Greene

1904～1991年。ロンドンの北ハートフォードシャーで教育者の家庭に生れる。大学卒業後「ザ・タイムズ」でジャーナリストとして活躍した後、1929年に『内なる私』を発表し作家デビュー。政治権力と宗教の対立を描いた『権力と栄光』で作家としての地位を築く。代表作に『スタンブール特急』『第三の男』『ハバナの男』などがある。

ジョン・ル・カレ

John le Carré

1931 ～ 2020年。南イングランドのドーセットシャー、プール生まれ。パブリック・スクールの教育を嫌って16歳の時にスイスのハイ・スクールに移り、ベルン大学ではドイツ文学を学ぶ。イートン校教師を経て、英国情報部で国内を担当するMI5の職員となった後、外務書記官となって西ドイツに駐在。外交官は表向きの顔で、海外諜報活動を行うMI6のメンバーだったとされる。これらの経験を元に小説を書き始め、「死者にかかってきた電話」で小説家としてデビュー。「寒い国から帰ってきたスパイ」がサマセット・モーム賞などを受賞し成功を収める。

スマイリー3部作

ジョン・ル・カレをスパイ小説の巨匠として名声を高めた「ティンカー、テイラー、ソルジャー、スパイ」「スクールボーイ閣下」「スマイリーと仲間たち」はスパイ小説の金字塔とも称される。スマイリーは作中に登場する主人公で、初老のMI6幹部のこと。東西冷戦の最中、英国情報部と敵対する東ドイツやソ連諜報機関との緊張感みなぎる暗闘、駆け引きを描き人気を得る。写真は映画「裏切りのサーカス」出演のゲイリー・オールドマンとコリン・ファース、2011年。

サマセット・モーム

William Somerset Maugham

1874 ～ 1965年。フランスのパリに生れる。幼くして両親を亡くし、南イングランドの叔父のもとで育つ。ロンドンの聖トマス病院付属医学校で学び、第一次大戦では軍医として従軍、のちに諜報部員としてスイス・ジュネーブで活動する。医療助手の経験を描いた『ランベスのライザ』が注目され作家生活に入り、モームが自身を振り返るために書いた半自伝的小説『人間の絆』や、画家のポール・ゴーギャンをモデルに、絵を描くために安定した生活を捨て、死後に名声を得た人物の生涯を友人視点で描いた『月と六ペンス』がベストセラーとなった。

列伝③

王殺しクロムウェル

清教徒革命の立役者として名をあげる

議会制民主主義の母と呼べる国、イギリス。そのイギリスを構成するイングランドで1649年、歴史上初めて君主が公衆の面前で処刑されるという大事件が起きる。国王チャールズ1世が「専制君主、反逆者、殺人者にして国家に対する公敵」と見なされ、王室の住まいだったホワイトホール宮殿の庭で首を斬られてしまう。これが清教徒（ピューリタン）革命の1つの結末であり、議会制民主主義の歴史に空白をもたらしてしまうことになる。

清教徒革命は、イギリスでは内乱と呼ばれた1642～49年に生じた、議会派の貴族やジェントリによる革命だ。王権神授説に基づく専制政治を行っていたステュアート家のチャールズ1世と議会の対立が激しくなり、国王派と議会派との間に内乱が始まったのである。議会派で中心的な役割を担ったのがクロムウェルで、清教徒革命の指導者として自他ともに認める存在へとのし上がっていった。

彼が率いたのが「鉄騎隊」と呼ばれる騎兵隊で、軍事の素人集団だった議会派の軍隊に参加して再編、その中核として武勲をあげ、清教徒革命の勝利に貢献した。クロ

オリヴァー・クロムウェル
（1599 ～ 1658）

貴族とともに上流階級を構成するジェントリ家系の地主の家庭に生まれる。母親から清教徒＝ピューリタンの信仰を受け継いだとされる。

ムウェルは、チャールズ1世に対して死刑を宣告した特別法廷で、裁判官の1人として死刑判決に票を投じ、国王の亡骸を見て「残虐さも時には必要なことがある」と呟いたという。これによって彼は「王殺し（レジサイド）」の異名を取ることになる。

チャールズ1世が処刑されると、イングランドは共和制へと移行する。しかしその内実はクロムウェルの軍事独裁体制だった。新政権は反革命の拠点アイルランドとスコットランドの征服を企てるが、給料の未払いを理由に従軍を拒否した水平派が反乱を起こすと、クロムウェルはこれを鎮圧

ネーズビーの戦い（1645）
クロムウェルは1645年2月に鉄騎隊を中心に新たな軍「ニュー・モデル軍」を編成、6月にネーズビーで国王軍を破る。これを機に議会軍が優勢に立った。

第一次英蘭戦争（1652〜54）
漁業、貿易、植民地をめぐり対立していたオランダと、ドーバー沖での英蘭艦隊の衝突を戦端として開戦。3度の英蘭戦争を通じイギリスは躍進の足場を築いた。

してこれまでの同盟関係を解消。さらにスコットランドも掃討して反革命の脅威を取り除くことに成功する。その陰ではクロムウェルを司令官とする遠征軍はアイルランドで残虐行為や略奪を行い、今なおくすぶり続ける「アイルランド問題」の原点を形づくったと言われている。

国王の称号を辞退するが その本心は…

クロムウェルの権力掌握は、反対派を徹底的に排除することによって遂行され、それは議会においても同じだった。1653年4月、クロムウェルは軍隊を引き連れて議場に入り、議会の解散を命令。これ以後は、軍事評議会が推薦する議員からなる「指名議会」が中心となってイングランドが統治されるようになる。そしてクロムウェルは軍幹部の用意した憲法である「統治章典」に従って「護国卿（Lord Protector）」の座に就く。「護国卿」とは「イングランド、スコットランド、アイルランドからなるコモンウェルスとその附属地域の主席行政官

にして治安官」と規定されているが、実質的なイギリスの支配者に他ならない。

護国卿体制は軍事独裁の性格を強めたが、かえって政権に対する反発を招く。そこで、混乱を恐れた議会は「謙虚なる請願と勧告」を作成し、クロムウェルに「オリヴァー1世」の称号の提供を申し出たが、クロムウェルは軍の猛反対にあって辞退する。その際「国王の称号は官職名にすぎない。帽子の羽根飾りのようなものだ」と豪語したという。

クロムウェルは数々の死闘をくぐり抜けてきたが、彼を突き動かしたのは「自分が神のご加護とお導きによって動かされてきた」という信仰心だと言われる。歴代のイングランド王たちは祖先から代々伝わるしきたりや法を守る姿勢を見せていたが、クロムウェルはそのようなしがらみを断ち切りたかったのだろう。「より高みを目指すのをやめた者は、高みにいることはできない」という言葉を残したクロムウェル。しかし彼の執務室は家具や調度品にいたるまで、まるで宮廷のようだったと伝わる。内心では国王の椅子に座りたかったのかもしれない。

英国の**伝説**

イギリスの伝説には神話上の生き物を題材としたもの、地方・地域に伝わる民話や民謡からくるものなどさまざまな形態がある。旧約聖書に登場するキリスト教伝承の

ほか、ケルト、北欧、ゲルマンの民間伝承に根ざし、伝説に登場する場所は、イギリス国内だけでなく海外からも多くの人が訪れる「聖地」にもなっている。

ベオウルフ
Beowulf

デンマークの小国を舞台に、勇士ベオウルフが、夜ごとヘオロットの城を襲うアダムとイブの長男カインの末裔である巨人グレンデルや、炎を吐くドラゴンを退治するという叙事詩。若い時を描いた第一部と、老王となったベオウルフの最期までを描いた第二部に分かれる。

アーサー王伝説
Arthurian Legend

「わが名はエクスカリバー。正しき王への宝なり」。柄にそう刻まれた名刀を手にして戴冠した国王アーサーと円卓の騎士たちが繰り広げる物語。アーサー王は5世紀後半から6世紀前半にかけ、かつてローマ帝国の属州だったブリタニア（今日のイギリス）に実在したとされている。

巨人伝説
Legend of the Titans

アイルランドの伝説の巨人フィン・マックールが、対岸のスコットランドの巨人ベナンドナーと戦いに行くためつくったという「巨人の石道」伝説。スコットランドのヘブリディーズ諸島に住む巨人の女性に恋をし、彼女をアイルランドに渡らせるためつくったという話も伝わる。

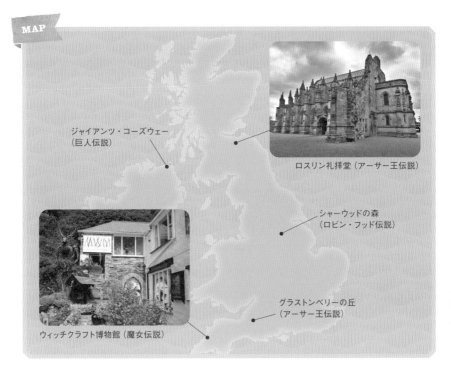

ジャイアンツ・コーズウェー
（巨人伝説）

ロスリン礼拝堂（アーサー王伝説）

シャーウッドの森
（ロビン・フッド伝説）

グラストンベリーの丘
（アーサー王伝説）

ウィッチクラフト博物館（魔女伝説）

Chapter

5

芸術＆文化

魔女伝説

Legend of the Witches

アイルランド地方に伝わる、家族に死人が出る
ことを泣いて予告する女の精霊・バンシーは長
い黒髪で緑色の服に灰色のマントを着た女性の
姿をしているとされるが、叫びが聞こえる時は、
その姿は見えない。その叫び声はこの世の物と
は思えない凄まじさだという。

妖精伝説

Fairy Tale

アイルランドの伝説に登場する、人の言葉をし
ゃべり二本足で歩く黒い猫ケット・シーは胸に白
い斑点があり背中が反っているそう。コートを
着て帽子をかぶり、ひげを生やした黄金の隠し
場所を教えるという老人姿の小男の妖精レプラ
コーンなどもアイルランドに伝わる。

アイルランドやハイランド
（スコットランド高地地方）
の伝説に現れる猫の妖精、
ケット・シー（Cait Sith）。

英国の怪談

恨みつらみを残したまま死んだ人物が幽霊となって出る怪談はイギリスにも多い。ロンドンのセント・ジェームズ・パークに出現すると伝えられている「頭のない貴婦人」は、夫に殺され切られた自分の首を捜し求めてさまよう話だ。中世に死んだ囚人が復讐のため黒い犬となって監獄跡地に現れる「ニューゲートの黒い犬」も有名。

フランケンシュタインの怪物

Frankenstein, or the Modern Prometheus

イギリスの詩人P・B・シェリーの夫人、M・W・シェリー作の長編怪奇小説『フランケンシュタイン、あるいは現代のプロメテウス』に登場する怪物。青年科学者フランケンシュタインによって造られた人造人間が、その醜悪な外見のために人間社会に受け入れられず、殺戮を繰り広げた末、いずこへか去っていく物語。フランケンシュタインは1908年に初映画化され、1930年代に入ってボリス・カーロフ主演の一連の作品によって醜く恐ろしい風貌にもかかわらず正常な人間以上に知的で無垢なキャラクターとして描かれ、その存在は後世に残るものとなった。

ドラキュラ

Dracula

アイルランドの作家ブラム・ストーカーの怪奇小説に登場する、ルーマニアのトランシルバニア地方の古城に住む吸血鬼ドラキュラ伯爵のこと。

ドラキュラ伯爵は、オスマン帝国と戦ったワラキア公ヴラド・ツェペシュがモデルとされている。たびたび映画化され、若い女性に噛みついて生き血を吸う設定は普遍的となった。

1931年公開の映画「ドラキュラ」の1シーン

ワラキア公ヴラド3世＝ヴラド・ツェペシュ（串刺し公）

『宇宙戦争』『透明人間』『タイム・マシン』などSF小説の生みの親として知られるH・G・ウェルズ

H・G・ウェルズ『赤の間』

The Red Room

SF小説で著名なH・G・ウェルズはホラーの名手でもある。幽霊が出るという話が伝わるロレーヌ城の真っ赤に着色された「赤の間」で、若い主人公が一晩過ごそうとするところから物語は始まる。主人公の目的は幽霊の存在と、それを取り巻く伝説を解き明かすことだった。城に住む3人の管理人からの謎めいた警告を受け、管理人が繰り返す「あんたが決めたことだ」という言葉が主人公の不安を増幅させていく。その後、彼は「赤の間」で大きな家具につまずき、見えないものへの恐怖からパニックで壁に身を打ちつけるなどの行動からついに意識を失ってしまう。現実に目に見えるものより、闇の中にひそむ目に見えない恐怖がいちばん恐ろしいことを巧みに表現した作品として評価が高い。

ジキル博士とハイド氏

The Strange Case of Dr. Jekyll and Mr. Hyde

1886年刊、R・L・スティーヴンソンの二重人格をテーマにした小説。性格を善悪に二分する薬を発明したジキル博士は、別人格ハイド氏を創造して悪の衝動を満たすが、次第にジキルに戻ることが難しくなる。

ロバート・ルイス・スティーヴンソン（1850 ～ 94）、エディンバラ生まれ。他の代表作に『宝島』（1883）など。

 Column

歴史上のこわ～い人物

アン・ブーリン

イングランド王ヘンリ8世の2度目の王妃。結婚から2年後、不義密通を行ったとしてロンドン塔で処刑された。断首され「首無しアン」の幽霊としてのエピソードが伝わる。

切り裂きジャック

19世紀末のロンドンで5人の売春婦を連続して惨殺した犯人の通称。被害者はいずれも喉をかき切られる残忍さ。事件は未解決で、いまでも猟奇的殺人の代名詞とされている。

アン・ブーリン。幽霊の名所ロンドン塔に現れると有名。

英国の詩人

イギリスの詩人を語るときキーワードとなるのがロマン主義だ。ロマン主義は18世紀末から19世紀前半にかけてヨーロッパで展開された文学・芸術・思想上の自由解放を謳う運動でイギリスもその渦中にあった。ロマン主義を代表する詩人としてバイロン、キーツが有名だが、「プロメテウス解縛」を書いたシェリーなども有名。

バイロン（1788～1824）

George Gordon Byron

ロマン派の代表的詩人。ケンブリッジ大学を卒業し上院議員となったが、『チャイルド・ハロルドの遍歴』で一躍新進詩人の名声を獲得。奔放な女性遍歴やギリシア独立運動への参加など波瀾の生涯を送り、熱病のため客死。代表作に劇詩『マンフレッド』、長詩『ドン＝ジュアン』など。わき出る抒情、感傷を誘う異国情緒など多彩な表現で読む者を魅了した。

ゲーテは「今世紀最大の天才」と賞賛。「嘘とは何か。それは変装した真実にすぎない」などの名言を残す。

生粋のロンドン子で、ロンドンを離れたのはイングランド南部サセックスの村に住んだ3年間だけと言われる。

ウイリアム・ブレイク（1757～1827）

William Blake

詩人であり画家、版画家。生きている間は、その独特で難解な作風のために狂人とすら見なされ、文学界や美術界から無視されていたが、後に作品に秘められた哲学的で神秘的な意味とその創造力が再評価され、ロマン主義の先駆者の1人とみなされている。詩画集『無垢の歌』『経験の歌』などがある。

イエーツ（1865～1939）

William Butler Yeats

詩人であり劇作家。アイルランド文芸復興運動、独立運動に参加。詩集『アシーンの放浪とその他の詩』『塔』、戯曲に『鷹の井戸』など。

ダブリン生まれ。1922年から6年間アイルランド上院議員をもつとめた。1923年にノーベル文学賞受賞。

ワーズワース（1770～1850）

William Wordsworth

代表的なロマン派詩人。美しい自然景観が広がる湖水地方をこよなく愛し、自然と人間との霊の交感をうたい、ともに湖畔詩人とよばれた

コールリッジとの共著『叙情民謡集』はロマン主義運動に一時代を画したとされる。1843年には英国王室が最高の詩人に与える称号「桂冠詩人」を戴く。

イングランド北西部カンブリアの湖水地方。

テニスン（1809～1892）

Alfred Tennyson

牧師の子として生まれ、ケンブリッジ大学に学ぶ。美しい韻律と叙情性に富んだ作風で、ヴィクトリア朝の代表的詩人と言われる。作品には、親友の死を悼んだ哀悼詩『イン・メモリアム』、アーサー王伝説に題材を取った『国王牧歌』、妻の幸せを願って死にゆく水夫の物語詩『イノック・アーデン』などがある。1850年にはワーズワースの後継者として「桂冠詩人」となる。1884年には男爵の称号を冠せられ、1889年の短詩『砂州を越えて』は辞世の歌として名高い。

日本文学への影響も大きく、夏目漱石は『薤露行（かいろこう）』冒頭で『国王牧歌』を「古今の雄篇」などと賞した。

J・キーツ（1795～1821）

John Keats

バイロンと並びロマン派を代表する詩人。貸馬車の馬丁長をしていた父の子としてロンドンに生まれる。8歳で父に、14歳で母と死別し早くから不遇を味わう。医学生として病院で学び、薬剤師の資格まで手に入れたが、しだいに詩作に興味を覚えるようになる。作品には『エンディミオン』『レイミア、イザベラ、聖女アグネス祭の前夜、その他の詩集』など。未完の長詩として『ハイピアリオンの没落』がある。結核のためローマで客死する。

『つれなき美女』『ギリシアの壺によせて』『ナイチンゲールによせて』などが生まれた1819年は「驚異の年」と呼ばれる。

135

Chapter 5

英国の他の文学の名作

イギリス文学の楽しみ方のひとつが、作品を通じて執筆された時代のイギリスの文化や価値観、それに対する作者の批評的な視点に触れられることだろう。人間の本質と向き合った作品も多く、オスカー・ワイルドやジョージ・オーウェルの作品などに多く見られる。人間の存在自体を問い直すきっかけとして読んでも面白いのでは？

チョーサー (1340頃~1400)

Geoffrey Chaucer, "The Canterbury Tales"

近代イギリス詩の創始者と言われるチョーサー。彼が書いたのが中世ヨーロッパの物語文学の集大成とされる『カンタベリー物語』だ。当時の英語でカンタベリー大聖堂にやってくる巡礼たちが同じ宿に泊まって代わるがわる話をするという体裁をとり、これによって「英語」による文学が確立したとも言われている。

1万7000行あまりの韻文と長い散文からなる24編の物語だが、未完に終わった『カンタベリー物語』。

他に『デビッド・カパーフィールド』『荒涼館』『大いなる遺産』などの作品も有名なディケンズ。

チャールズ・ディケンズ (1812~1870)

Charles Dickens

ポーツマス近郊ポートシー生まれ。貧苦の少年時代を過ごし、裁判所の速記者や新聞記者を経て文壇デビュー、『ピクウィック・ペーパーズ』『オリヴァー・トゥイスト』が成功を収め、作家の地位を確立した。作風に鋭い社会批判と弱者への同情がみられ、ドストエフスキーやカフカが愛読した。代表作に『クリスマス・キャロル』『二都物語』など。

ブロンテ姉妹

Brontë Sisters

シャーロットは孤児の少女が自我を主張し続ける物語『ジェーン・エア』を書き、エミリーは捨て子ヒースクリフの愛と復讐の物語『嵐が丘』を書いた。

長女のシャーロット・ブロンテ（左）と次女のエミリー・ブロンテ（右）。3女にアン・ブロンテがいる。

オスカー・ワイルド（1854〜1900）

Oscar Wilde

アイルランドのダブリンで、裕福で古いプロテスタントの家庭に生まれる。オックスフォード大学のモードリン・コレッジに学んだのちロンドンで社交界デビューを果たし、その特異なファッションと会話術で多くの著名人と交流する。結婚生活の中にあって同性愛に目覚め、それを咎められ収監されるという不遇にも見舞われる。代表作は戯曲『サロメ』のほか、この時代の価値観や偽善的なモラルに真っ向から挑戦した小説『ドリアン・グレイの肖像』がある。

オーウェル（1903〜1950）

George Orwell

公務員の父のもとインドに生まれる。名門のイートン校を卒業したが大学には進まずビルマ（ミャンマー）の警察官となり、植民地の実態を経験、『ビルマの日々』を著す。スペイン内乱に共和国義勇軍として参加、その実態を『カタロニア讃歌』として発表した。ソ連のスターリン体制を風刺した寓話『動物農場』や、言語、思考までを含めた人間のすべての生活が全体主義に支配された世界を描いた『一九八四年』など問題作を多く残した。

カズオ・イシグロ（1954〜）

Kazuo, Ishiguro

長崎で生まれ、5歳のときに両親と共にイギリスへ移住。ケント大学、イーストアングリア大学大学院を卒業したのち、ホームレスの支援活動に携る中、執筆活動を始める。最初の作品は『遠い山なみの光』。貴族邸の年老いた執事の視点から古き良き時代の英国を描いた『日の名残り』は、世界的に権威のあるイギリスの文学賞、ブッカー賞を受賞するとともにアメリカで映画化され、第66回米国アカデミー賞作品賞にノミネート。2017年ノーベル文学賞を受賞。

列伝④

ヴィクトリア女王

不況に加え不穏な社会情勢のなか 18歳の若さで即位

世界にはヴィクトリアの名を冠する地名が数多くある。カナダのヴィクトリア山やヴィクトリア市、オーストラリアのヴィクトリア州、香港のヴィクトリア湾、アフリカのヴィクトリアの滝とヴィクトリア湖、ニュージーランドの首都にあるヴィクトリア大学…。世界にまたがる大英帝国の名残である。その象徴が、大英帝国の最盛期に在位したヴィクトリア女王だった。

即位は1837年、18歳の時。当時のイギリス王家はドイツ北部のハノーファー侯家に発し、英ハノーヴァー王朝の君主は独ハノーファー君主を兼ねた。ところがハノーファー家では女子相続を認めなかったため、ヴィクトリアは初めてハノーファー君主を兼任しないハノーヴァー朝君主となった。特にこの王朝では、初代・2代の王が祖国ドイツの政治を気にかけ英国内政をないがしろにして議会がより権力を握っていく。議会と王が直接対峙するのではなく、議員でもある大臣がその間を仲立ちするようになり、ウォルポール内閣にいたってこの傾向が根付き、責任内閣制（議院内閣制）確立へとつながっていった。

しかしこの頃、まだ国王大権は大きなものだった。大臣の任免、議会の召集・解散、国教会の高位聖職者や判事の任免、対外戦争・講和締結などは国王の伝家の宝刀だったし、さらに国王はイングランド国教会首長かつ陸海軍の最高司令官でもあった。これら大権と重責とが18歳の双肩にかかったのである。しかも世界に先駆けて成し遂げた産業革命は各国に波及してイギリス製品は西欧で競争力を失い、活況を呈した工業都市には失業者があふれかえっていた。その上女王が戴冠した38年頃から農業は

ヴィクトリア女王
（位1837～1901）

1819年生まれ、40年にアルバートと結婚、堅実な家庭生活を送り、王室は国民の敬愛の的になった。夫アルバートは1851年第一回ロンドン万博開催に尽力。

ディズレーリ
（首相在任
1868,74 ～ 80）

グラッドストンと代わる代わる政権を担い、女王の
好意を受けた。77年インド帝国を発足させ女帝
に女帝の称号を献上、イギリス最盛期の議会政
治を現出した。

グラッドストン
（首相在任
1868 ～ 74、
80 ～ 85,86、
92 ～ 94）

ディズレーリとは逆に女王に嫌われた首相。保守
党所属の下院議員となったがのち自由党に参加。
ディズレーリの帝国主義政策を批判、引退後も爵
位を固辞した。

不作に陥り、下層労働者らは失業に加えパ
ンの値上げに直面した。さらに同38年に
は男子普通選挙や毎年の議会改選を主張す
るチャーチスト運動が始まり、政権はそう
した運動を弾圧し取り締まった。国民の非
難の声はホイッグ党を率いるメルバーン政
権に向かう。ヴィクトリア女王が即位した
のは、そんな時代だった。

大英帝国の始まり
イギリスは世界の覇者へ

　むしろそのような世相のせいか、若い女
王には国民の大きな期待が寄せられた。戴
冠式が開催されるウェストミンスター寺院
に向かう馬車に乗る女王を見ようと沿道に
は数え切れない民衆が集まり、口々に「女
王万歳！」と叫んだ。女王は威風堂々とこ
れに応えた。事実、初めての枢密顧問会議
にはメルバーン首相をはじめ老獪な政治家
たちが集ったが、女王はただひとり彼らに
対峙し怯むことがなかった。元首相でナポ
レオン戦争の英雄、ウェリントン公は「た
とえ天国から天使が舞い降りてきたとして
も、あの歳であそこまで完璧に振る舞うこ

とはできまい」と感嘆したという。この女
王のもと、イギリスは圧倒的に強力な世界
帝国になっていく。即位直後こそ「飢餓の
40年代」と呼ばれるほど苦しい時期だっ
たが、50年代から国内では自由主義的改
革が、対外的には自由貿易が拡張する。そ
れを可能にしたのが夫アルバート公の尽力
による51年万博に象徴される、工業力と
技術水準の先進性だった。彼女の治政の前
半は「世界の工場」としてイギリスの最繁
栄期を現出、後半は後進諸国の追い上げを
受けつつも帝国主義政策に転じ、圧倒的な
国力のもと植民地を拡大した。61年には
夫アルバート公が急死、悲嘆に暮れ10年
ほど政務から遠ざかったが、復帰後77年
には政府が直轄するようになっていたイン
ドの皇帝となり、ヴィクトリアは他西欧皇
帝たちと並ぶ正式な女帝になる。イギリス
は名実ともに世界を制覇する帝国となり、
97年には即位60年を寿ぐ記念式典が開
催された。女王は9人の子どもたちを西欧
各国の王室と縁組みさせ、いつしか「ヨー
ロッパ王室のゴッドマザー（名付け親）」
と呼ばれるようになっていた。

英国の
クラシック音楽

イギリスのクラシック音楽は、情緒性や芸術至上主義などを特色とするロマン派音楽や、緻密な装飾法、重厚な音楽技法を組み合わせたバロック音楽とは異なり、どこか控えめで哀愁や湿り気をまとっている。スコットランド、アイルランドの民謡をモチーフにした楽曲もあり、そうした音楽が聴きやすく感じる理由だとも言われる。

キリスト教的題材をオーケストラの伴奏による独唱、合唱で劇的に構成したオラトリオ「メサイア」は特に人気。

ヘンデル（1685~1759）
Georg Friedrich Händel

後期バロック音楽を代表する音楽家。中部ドイツのハレで生まれる。父はヘンデルが音楽家になることに反対だったが、彼のオルガン演奏がワイセンフェルス公アウグストに認められ、音楽家としての一歩を踏み出す。ハレ大学に進んだヘンデルだったが、ハレ大聖堂のオルガニストを務めた後、大学を辞めオペラが盛んだったハンブルグに赴き、オペラ「アルミーラ」を作曲、上演は大成功を収める。その後、メディチ家からの誘いを受けてイタリアに赴くと彼の才能は貴族たちに受け入れられ名声をあげる。イタリアで成功した後にイギリスで長年活躍し、帰化した。

パーセル（1659~1695）
Henry Purcell

英国バロック音楽を創出した、17世紀後半イギリスが生んだ最大の作曲家。ロンドンの音楽家の家系に生まれ、王室付の礼拝堂少年聖歌隊で音楽を学ぶ。18歳のとき音楽を好んだ英国王チャールズ2世がその才能を見抜き、王室弦楽合奏隊の専属作曲家に抜擢。王室音楽家、ウェストミンスター寺院や王室礼拝堂のオルガン奏者を歴任する一方で劇作品や劇付随音楽などを作曲、人気を博した。オペラ「ディドとエネアス」（1689）は今日でもイギリス最高のオペラのひとつと目されている。劇音楽は40曲を超え、他に宗教曲や器楽曲も作曲、36歳の若さで亡くなった。20世紀以降、その音楽の清新さが再評価されている。

オペラ「アーサー王」「予言者」「妖精の女王」のほか、劇付随音楽「アブデラザール」などを作曲。

もとは音楽教師でありヴァイオリニストでもあった。 英国王室の役職の1つ、国王の音楽師範も務めた。

エルガー (1857~1934)
Edward Elgar

パーセル以来の天才と呼ばれた作曲家。 イングランド中部ウースター近郊でオルガン奏者の父のもとに生まれる。 父から音楽の手ほどきを受けるが正規の音楽教育は受けず、 10歳から作曲を開始。 初め父の願いを入れ弁護士事務所で働いたが音楽の道をあきらめられず作曲を続け、 管弦曲「エニグマ変奏曲」(1899) で国際的名声を得て作曲家の地位を確立した。 行進曲「威風堂々」第1番や管弦曲「愛の挨拶」は現代も広く親しまれている。 他に合唱曲や交響曲、 チェロ協奏曲なども作曲した。

ホルスト (1874~1934)
Gustav Holst

イングランド・グロスターシャー州チェルトナムで生まれる。 王立音楽大学で学び、 アイルランドの作曲家で指揮者、 教師でもあるスタンフォードに師事。 卒業後はトロンボーン奏者、 のちセント・ポール女学校、 モーリー・カレッジ、王立音楽大学などで教鞭をとりながら作曲活動を続ける。 代表曲は管弦楽のための組曲「惑星」。 合唱曲や劇作品も多く作曲している。 イングランド各地の民謡に発想を得た作品や東洋的な曲調の作品も遺している。

ホルストの組曲「惑星」の「木星」に日本語詞をつけた「Jupiter」でデビューしたのが平原綾香だ。

音楽の祭典「BBC PROMS」

BBC(英国放送協会)交響楽団の常任指揮者であったヘンリー・ウッドなどが1895年に始めたクラシック音楽の祭典。毎年7月中旬から9月上旬にかけてロンドンで行われる。BBC交響楽団のほか、新進気鋭の若い音楽家たちが参加し、ロイヤル・アルバート・ホールをはじめいくつもの会場でコンサートが行われる。Promsはプロムナード・コンサート(散歩のようにぶらぶらと歩きながら楽しめるコンサート)を略した言葉。

ヴィクトリア女王の夫であるアルバート公に捧げられたという演劇場ロイヤル・アルバート・ホール。

英国の**シェイクスピア**

世界演劇史を通じて最大の劇作家、大詩人。英国ルネッサンス文学の最高峰と称される。豊富な言葉を駆使し深い人間洞察にもとづく多彩な性格描写を行い、悲劇・喜劇・史劇の全分野で後世に残る名作を生み出した。その作品はいまも広く読まれ、劇は世界各地で上演されている。イギリス演劇界でシェイクスピア劇は俳優の登竜門。

シェイクスピア

Shakespeare (1564〜1616)

イングランド中部のウォーリックシャー、ストラトフォード・アポン・エイボンで裕福な商人の長男として生れる。町の有力者でもあった父が没落し大学教育は受けなかったが、ロンドンに出て新進の劇団俳優として名を上げ、史劇「ヘンリー六世」三部作を皮切りに劇作家としての評価を固める。生涯を通じ37編の戯曲、154編のソネットを書いたとされる。

ジョン・エヴァレット・ミレイが描いたオフェーリアの死。

ハムレット

「オセロ」「マクベス」「リア王」とともにシェイクスピア四大悲劇のひとつ。教養も豊かで国民の信望もあついデンマークの王子ハムレットが、父王を毒殺して王位に就いただけでなく、母で王妃のガートルードを奪って再婚した叔父クローディアスに対して、苦悩の末に復讐を遂げる物語。ハムレットは父王の亡霊が語った死の真実や母に対する愛憎、生と死の問題に悩んだ末、恋人オフェーリアも捨てて彼女を狂い死にさせ、自分も命を落とす。日本では1907年、坪内逍遙の訳による「ハムレット」が文芸協会演芸部によって上演された。

名言

> 弱き者よ、
> 汝の名は女

父王の死後すぐに叔父のクローディアスと再婚した母・ガートルードに対して発した非難の言葉。

> 生きるべきか、死ぬべきか、
> それが問題だ

苦痛を伴う「生」に対し「自死」という選択は間違ってはいないのではと自らに問いかける言葉。

> ホレイショー、天と地の間にはお前の哲学
> などには思いもよらぬ出来事があるのだ

父王の亡霊が語った真実に驚いたホレイショーに答えた言葉。

イタリア、ヴェローナにあるジュリエットハウス
のバルコニーとジュリエットの像。

ロミオとジュリエット

ルネサンス時代のヴェローナを舞台に、不和の関係にある名門モンタギュー家の息子ロミオとキャピュレット家の娘ジュリエットとの恋の結末を描く。 名門家間の宿怨によって実らぬ恋や、逃避行計画の食い違いで2人とも自害する悲劇。 バルコニーの別れのシーンは特に有名。

 名言　　ああ、ロミオ、ロミオ、
どうしてあなたはロミオなの

たった一つの私の恋が、
憎い人から生まれるなんて

マクベス

スコットランドの武将マクベスが、魔女の予言を信じ、妻にそそのかされダンカン王を殺害して王位に就き、将軍バンクオーを暗殺するが、王の遺児マルカム王子一派に討たれるまでを描く。

自然でない行いは自然でない混乱を生む。
病気になった心は聞こえぬ枕に秘密を打ちあける　**名言**

人生は舞台。
人はみな大根役者

現実の恐怖は、
心に描く恐怖ほど怖くない

 名言

ブルータス、お前もか

来た、見た、勝った

賽は投げられた

人は喜んで自己の
望むものを信じるものだ

学習より創造である。
創造こそ生の本質なのだ

ジュリアス・シーザー

ローマの執政官シーザー（ガイウス・ユリウス・カエサル）の殺害ののち、 ブルータスらの葛藤を描く。 ローマ史に基づいてシェイクスピアが書いた「ローマ劇」の1つ。

リア王

老王リアが、 長女と次女に裏切られて荒野をさまよい、 誤解して追放してしまった末娘のコーディリアの真心を知るもコーディリアとともに捕えられ、 狂死するまでを描く。

『今が最悪の状態』と言える間は、
まだ最悪の状態ではない　**名言**

人間はこの世に生まれ落ちるやいなや、阿呆ばかりの大きな
舞台に突き出されたのが悲しくて、誰もが大声をあげて泣き叫ぶ

ヴェニスの商人

ユダヤ人の高利貸しシャイロックからの借金を返済できないヴェニスの商人アントーニオが、 裁判にかけられ証文どおり胸の肉を切り取られようとするが、 法学者に変装したポーシアの機知によって救われるまでを描く。

 グローブ座

シェイクスピアや役者たちが所有した円形劇場のグローブ座は場所や建物を変え現代まで息づいた。 右上の画像は19世紀後半のグローブ座。

英国の**演劇**

イギリスで演劇は特別な意味を持つ。まだ本が高価だった時代、演劇は言葉で人々の想像力をかき立てる娯楽のひとつだった。芝居のための空間である劇場は、階級を越えて人々が集う場だけでなく、教養、社交の場として機能し、その役割は今でも変わらない。子どもたちはシェイクスピアの演劇を通じて文学を学んでいるという。

MAP

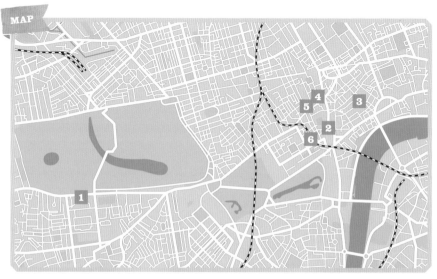

ロイヤル・アルバート・ホール。ヴィクトリア女王の夫アルバート公に由来。

オデオン・リュクス・レスタースクエア。英国最大の映画館チェーンの旗艦店。

ロイヤル・オペラ・ハウス。ロイヤル・オペラ&ロイヤル・バレエの本拠地。

パレス・シアター（宮殿劇場）。赤レンガ造りの劇場で開場は1891年。

アポロ劇場。1901年創業、建物は古典的なルネサンス様式。

ヒズ・マジェスティーズ・シアター。1705年に開場。

♛ イギリス演劇の移り変わり

中世〜近代

カトリック教会が民衆の教化を目的として、祈祷の中に軽い演劇的要素を取り入れたのが始まり。やがてその規模が大きくなり、演じる場所が教会の中から町や村の広場へと出ていくに従い、担い手も僧侶から民衆へと変わり娯楽や祭典と一体化していった。

エリザベス朝演劇の開花

「大学出の才子たち」と呼ばれる劇作家たちの登場によって幕を開く。時代の主役はシェイクスピアで、歴史劇「ヘンリー6世」や悲劇「ハムレット」などが上演された。デッカーやヘイウッドなどの劇作家も活躍。

17〜19世紀、 近代劇

17世紀になると台詞を「聞く」芝居から「見る」演劇へと変わり、18〜19世紀になると中産階級の市民たちが観客層の中心になった。近代になると社会問題を扱う作品が登場する。

戦後・現代演劇の革新

第二次世界大戦が終わるとJ・オズボーンなど「怒れる若者たち」と呼ばれる新しい作家たちが、溜まっていたエネルギーを噴出させるかのように既成の概念に反逆する作品を発表し始める。現代演劇の革新は、エリザベス2世の時代に進展した。

英国の映画

現代だけでなく中世やヴィクトリア時代などを舞台とした作品もイギリス映画には多く、コスチュームやセットデザインなど、細部へのこだわりと再現性が見事だ。これ

は『ハリー・ポッター』シリーズなどファンタジー映画にも共通する。階級社会はじめ社会問題を描く一方、ブラックユーモアを効かせる魅力も見逃せない。

ヒッチコック（1899~1980）

Alfred Hitchcock

ロンドン郊外生まれ。ロンドン大学で美術を学び、字幕デザインなどを経て監督になる。1940年以降は主にアメリカで活躍。スリラー、サスペンス映画の第一人者となる。観客をはらはらさせながら自在に気持ちを誘導する話術も独特。『ダイヤルMを廻せ！』『裏窓』『めまい』『北北西に進路を取れ』『鳥』などの傑作群を生み大ヒット。

凶暴化した鳥の群れに襲われる恐怖を描いた『鳥』。

デビッド・リーン（1908~1991）

David Lean

ロンドン郊外クロイドン生まれ。公認会計士である父の助手を務めていたが、撮影助手として映画界に入り、フィルム編集を経て監督になる。『戦場にかける橋』『アラビアのロレンス』『ドクトル・ジバゴ』など大作ドラマでアカデミー賞などの常連に。壮大なスケールのドラマを格調高く仕上げ、世界の映画ファンを魅了。

『アラビアのロレンス』。アラブ国家独立を支援した英将校を描く。

リドリー・スコット（1937～）

Ridley Scott

イングランド北東部ダーラム生まれ。監督第1作『デュエリスト／決闘者』で早くもカンヌ国際映画祭新人監督賞を受賞。『エイリアン』の世界的大ヒット以降は、活動の拠点をアメリカに移し『ブレードランナー』などの傑作を世に送り出す。

レプリカントが跋扈する未来世界を描いた『ブレードランナー』。

ケン・ローチ（1936～）

Ken Loach

イングランド、ウォリックシャー州ヌニートン生まれ。BBCでドラマ演出を手がけた後、『夜空に星のあるように』で監督デビュー。カンヌ映画祭の常連で『天使の分け前』などで審査員賞、『麦の穂をゆらす風』は最高賞パルムドールを受賞。ヴェネチア国際映画祭の常連でもある。

『麦の穂をゆらす風』。アイルランド内戦を題材とする。

ガイ・リッチー（1968～）

Guy Ritchie

ハートフォードシャー州ハットフィールド生まれ。長編第1作の犯罪群像劇『ロック、ストック＆トゥー・スモーキング・バレルズ』の先の読めないユニークな作風が話題に。アクション大作『シャーロック・ホームズ』や続編『シャドウゲーム』も大ヒット。

『ロック、ストック＆トゥー・スモーキング・バレルズ』。

ヒッチコック

早くから映画の専門技術に興味 初監督作品ではドタバタ裏話も

少年は早くから芝居や映画に興味を示していた。16歳のときから映画雑誌を読んだ。それも、いわゆるファン雑誌や娯楽雑誌の類ではなく、映画技術専門誌や映画業界誌ばかりだったという。映画界入りはサイレント映画の字幕デザイン制作がきっかけ。当時、映画といえばまだ無声＝サイレントで、セリフなどの字幕の多くには、イラストや飾りが添えられていたのである。

本人監督による初の映画はイギリス時代の『快楽の園』（1925）というサイレント作品だ。その制作にまつわる裏話を本人が語っている。話はこうだ。

映画のスタッフたちと乗る汽車の発車2分前になって俳優が叫んだ。「しまった！タクシーのなかにメイク道具のケースを忘れた！」。彼が道具を取りに走り出たあと、予定より10分遅れて汽車は出発。戻ってきた俳優はプラットホームを必死で走って汽車を追いかけ、ぎりぎりのところで飛び乗った。まるで映画だが、それだけに留まらなかった。盗難や予想外の出費で、常にお金が不足していた。そこに初監督であることを隠して呼んでいたハリウッドの大女優が到着する。計算外だったのは、大女優

ヒッチコック
(1899 ～ 1980)

ロンドン郊外生まれ。渡米しハリウッド第一作『レベッカ』（1940）がアカデミー賞を受賞、「スリラーの神様」「サスペンスの帝王」などと呼ばれた。

が友人の女優を一緒に連れてきて、しかも予約していたホテルでは嫌だと高級ホテルに替えさせたこと。予算が底を突いた。初監督とバレないかと緊張しつつも大女優と談判、予定外の出費を理由に200ドル払わせた。他にも税金逃れのため隠していたフィルムが見つかって没収される、金欠のあまりロンドンに給料前借りを頼む手紙を送る、とてんこ盛りだ。ただし、これらは

どこまで本当か、少し疑ってかかる必要がある。何せヒッチコックは「話を盛る」常習犯だからだ。

少年時代の恐怖をサスペンスに昇華 その技法は多大な影響を与える

ヒッチコックは1899年、プロテスタント社会のイギリスにあって珍しくカトリックの家に生まれた。イエズス会の寄宿舎に入ると厳しい先生たちの堅いゴム製のムチによる体罰に怯えて過ごした。本人はこの頃に「恐怖という感情が育まれたんだと思う」と語っている。

映画への興味と同時に科学にも興味をもち、親には「技士になりたい」と話した。両親は海洋技術専門学校に行かせ、彼は力学や電気工学、音響学などを学んだ。父が死んで自活が必要になると技士として電信会社に勤めた。勤務の傍らロンドン大学で美術を学び、会社の広報宣伝部で絵を描く仕事を始める。これがのちに映画の仕事につながった。すでに当時からイギリス映画よりアメリカ映画のほうが撮影技法に優れていると感じ、「断然好きだった」と本人が語っている。

映画の字幕制作に携わるようになると、説明字幕やセリフ字幕を上手く使って、映画の内容そのものを変えてしまったこともしばしばだった。サイレント映画では役者は口パクするだけで、字幕で話の筋を後から変えることができたのである。何とも人を食った、ヒッチコックらしい逸話である。その後、美術や脚本、助監督に携わり、イギリス時代に『三十九夜』（1935）などで国際的に「スリラーの名匠」と認められる。のち『風と共に去りぬ』（1939）で知られる映画制作者セルズニックに招かれて渡米、ハリウッド初の作品でアカデミー賞を受賞、監督賞にもノミネートされる。

その後の快進撃はご存じの通り。『ダイヤルMを廻せ！』『裏窓』（1954）、『めまい』（1958）、『サイコ』（1960）、『鳥』（1963）などの傑作を次々と発表、それまでは二流とみなされていたスリラー映画を「もっとも映画的な」一大ジャンルへと引き上げた。フランス人映画監督トリュフォーは、「どんな監督をもしのぐ素晴らしい才能が、わたしにとってはヒッチコック」だったと語っている。なかなか人を褒めないフランス人による最上級の賛辞だといえるだろう。ヒッチコックの映画技法は、トリュフォーを含むフランス映画の潮流、ヌーヴェル・ヴァーグにも多大な影響を与えた。69年にはフランス芸術文化勲章、79年にアメリカ映画協会の功労賞と英国ナイトの称号を得た。

『鳥』
（1963）

凶暴化した鳥たちが人間に襲いかかる恐怖を描いたパニック・スリラー映画。異常心理犯罪を扱った『サイコ』（1960）に続き映画史に名を残す傑作となった。

ハリウッド初監督
作品にして
アカデミー賞を受賞
『レベッカ』
（1940）

『鳥』の原作者でもある英ダフネ・デュ・モーリアの長編小説が原作。旅先で見初められた新婦は夫の英国紳士が亡き先妻レベッカに強く支配されていると感じ…。

大英博物館

ロンドンの中心部ブルームズベリーにある世界最大級の博物館、大英博物館。大英帝国最盛期の18〜19世紀にかけて、世界中から集められた発掘品や美術工芸品など約800万点を収蔵し、約15万点を常設展示している。開館は1759年。収蔵品の一部の所有権をめぐり「本国へ戻すべき」という要求もあり、国際的な論争にもなっている。

ロゼッタ・ストーン

Rosetta Stone

1799年、ナポレオンのエジプト遠征の際にエジプトのナイル川河口の都市ロゼッタで発見された。高さ114cm、幅72cm。紀元前196年建立のプトレマイオス5世の功績を称えた碑で、聖刻文字、民衆文字、ギリシア文字が3段に刻まれている。1822年、フランスの学者シャンポリオンが解読に成功しエジプト表象文字解読の手がかりとなった。

ラムセス2世像

ラムセス2世は紀元前14世紀末〜13世紀半ば頃まで在位したエジプト第19王朝の王。ヒッタイトの侵入を阻止し大帝国を再建。胸像はピンク/グレーの花崗岩ででき、古代には赤く塗られていた可能性がある。

クニドスのデメテル

デメテルはギリシア神話に登場する穀物や大地の生産物の女神。人間に耕作を教えたとされる。王座に座っている像は大理石製で下腕と手が欠けているが、トーチか酒器を持っていたと考えられる。

パルテノン神殿の彫刻

The Ancient Elgin Marbles

「エルギン・マーブル」として知られる彫刻は、紀元前5世紀半ばごろに制作され、古代ギリシャ・アテナイのパルテノン神殿を飾っていた装飾の一部。19世紀にイギリスの外交官が持ち帰り、イギリス政府が買い取った。

▲ モアイ

南太平洋イースター島の海岸に立つ石像。1868年に
持ち出されヴィクトリア女王に贈られた。高さ約2.4m。

アッシリアのライオン狩りレリーフ ▶

描かれているのは、紀元前7世紀頃、絶大な権力を誇った
アッシリアの王アッシュールバニパル。自ら読み書きするな
ど知性を兼ね備え、腰にペンを携える姿が見て取れる。

顧愷之の女史箴図
こがいし　　じょししんず

Nüshi zhen tu, composed by Zhang Hua

唐代の模写といわれる中国の着色絵巻。宮廷
女官の守るべき作法を一節ごとに絵にあらわし
たもので、当時の風俗を知ることができる貴重
な資料だ。原作者とされる顧愷之は南朝の東晋
に仕えた画家で、中国史の初期に登場した画
家のひとりで「画聖」とも呼ばれている。

バビロニアの
世界図

紀元前6世紀頃に作ら
れたとされる世界最古
の世界地図のひとつ。
粘土板にコンパスで描
かれた世界は同心円の
大地と、周りを「にが
い河」と記された河＝
海が囲んでいると考え
た。山地と記された半
円形部分からユーフラテス河が流れ、中央の都市バビ
ロンを通り「湿地」と記された部分に流れ込む。右下
にはペルシャ湾が描かれ、海の外側の三角形は大地の
上を覆う天空を支える陸地だ。

Column

大英博物館

設立は18世紀にさか
のぼる。元は王立学
士院院長も務めた医
師で博物学者のサー・
ハンス・スローンの
個人コレクションだっ
た。

英国のその他の美術館

イギリスには、王室や王族、貴族などが所有する莫大な財力を背景に、世界中から収集したコレクションを展示する美術館、博物館が少なくない。その多くが19世紀ヴィクトリア様式をはじめ歴史的な建築様式を持ち、コレクションの量の豊富さ、貴重さと相まって、訪れる人々に格別な好奇心を沸き立てるのに一役買っている。

ロンドン・ナショナル・ギャラリー

National Gallery, London

トラファルガー広場に面して建つ美術館。1824年に設立され、美術史上の代表的な絵画など約2600点が収蔵されている。実業家アンガースタインが残したコレクションを国が買い上げ、彼の邸宅を改造して開設。いまの場所に建てられたのは1838年だ。

「岩窟の聖母」。レオナルド・ダ・ヴィンチ作で聖母マリアと幼いキリスト、洗礼者ヨハネが描かれている。

ロンドン自然史博物館

Natural History Museum, London

サウス・ケンジントンにあり、自然科学系博物館としては世界最大級。動物学、昆虫学、古生物学、植物学、鉱物学の5分野に大別され、8000万点以上の貴重な標本コレクションを収蔵。

メインホールに展示された「ホープ」と名付けられたシロナガスクジラの骨格標本。同博物館は大英博物館の自然史関係標本が収まり切らなくなったため新たに建てられた。館全体での展示はレッド・グリーン・ブルー・オレンジ の4つのゾーンに分かれる。スコット探検隊が南極大陸から持ち帰った標本など珍しい収蔵品もある。

ヴィクトリア＆アルバート博物館

Victoria and Albert Museum

ヴィクトリア女王の夫君アルバート公が、1851年
にロンドンで開催された万国博覧会で得た収益で
出品された工芸作品を購入。これをもとに翌
1852年、イギリスの産業製品や工芸品のデザイ
ンの水準向上や、デザイ
ン技術に対する国民の理
解を深めることを目的とし
て開館した。展示室の数
140以上、500万点を超え
る作品・資料を所蔵する。

ケルビングローブ美術館・博物館

Kelvingrove Art Gallery and Museum

スコットランド中西部のグラスゴーにある。
1901年のグラスゴー万国博覧会の一環として
公開された後、翌1902年に開館した。美術館の
収蔵品のなかではサルバドール・ダリの「十字架
の聖ヨハネのキリスト」が
有名。博物館の吹抜けに
は、ナチス・ドイツとのイギ
リス本土航空決戦で活躍
したスピットファイアが展
示されている。

ナショナル・ポートレート・ギャラリー

National Portrait Gallery

トラファルガー広場近くにあり、設立は1856年。
イギリスの歴史上の人物から近年活躍している
俳優まで、肖像画、写真、イラスト、彫刻などあら
ゆる形態の肖像を収蔵。収蔵する肖像画は21万
5000点以上。著名人の
肖像画では「ウィリアム・
シェイクスピアの肖像」
（1610年頃）や、「国王チ
ャールズ１世の肖像」
（1631年）などを収蔵。

153

英国の美術

大英博物館や著名なギャラリーが軒を連ねるロンドン。イギリスといえば歴史的肖像画だが、そこにとどまらない数々の名作たちは見るものを魅了する。近代絵画に多大な影響を与えた画家たち、現代美術界を騒然とさせたあの覆面アーティストを含む現代アーティストたちの業績は計り知れない。

J・M・W・ターナー (1775〜1851)

Joseph Mallord William Turner

19世紀イギリスで最も偉大な風景画家のひとり。初渡仏でニコラ・プーサンなどに影響を受けたのちロマン主義を経て独自の風景画を創造、その色彩・画法はモネなど印象派の画家たちに大きな影響を与えた。

（左上）「死人と死に瀕した人を船外に投げ込む奴隷船」(1840/油彩/カンバス)、通称「奴隷船」。ボストン美術館所蔵。(左下)「雨、蒸気、速度 – グレート・ウェスタン鉄道」(1844/油彩/カンバス)。ロンドン・ナショナル・ギャラリー所蔵。テムズ川にかかる鉄橋を渡る蒸気機関車を描いた晩年の傑作。

コンスタブル (1776〜1837)

John Constable

イングランド東部サフォーク生まれで当地の風景をそのまま画題としたものが多い。若い日にロンドンに出て学ぶが画壇と相容れず帰郷、戸外に画架を立てて風景画を描いた。1824年パリ開催のサロンでは「まぐさ車」がドラクロワや印象派に影響を与えた。

「まぐさ車」(1821/油彩/カンバス)。サフォークの田園風景。ロンドン・ナショナル・ギャラリー所蔵。

ヘンリー・ムーア（1898～1986）

Henry Moore

現代彫刻家。第一次大戦従軍後美術を志す。原始彫刻・古代彫刻に強い影響を受けたとされ、主要テーマに「母と子」「横たわる像」などがある。

デヴィッド・ホックニー（1937～）

David Hockney

イギリスの第二世代ポップ・アート美術家。多くの国際版画展・美術賞などで受賞。右の絵は「A Bigger Splash」（1967/アクリル/カンバス）。オペラの舞台装置・衣装やポラロイドコラージュ、フォトコラージュなども手がける。

フランシス・ベーコン（1909～1992）

Francis Bacon

アイルランド出身、20世紀後半で最も重要と評される画家のひとり。内装デザインを手がけたのち独学。奇怪で不穏な生物や人物像、磔刑図を基とした三連画を多く残した。

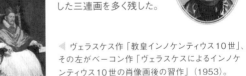

◀ ヴェラスケス作「教皇インノケンティウス10世」、その左がベーコン作「ヴェラスケスによるインノケンティウス10世の肖像画後の習作」（1953）。

バンクシー（xxxx～）

Banksy

世界各地に出没する覆面アーティスト。グラフィティでは主にステンシル技法を用いる。2018年サザビーズで「風船と少女」が高額落札直後にシュレッダーで途中まで裁断された。

英国の**ファッション**

アメリカの経済学者ヴェブレンは「あらゆる階級の行う服装への支出の大部分は、体の保護というより他人から尊敬される外観を保つため」と言った。昔も今も服装はステータスを表す代表的なものといえよう。イギリスでも例外ではなく、服装は階級と深く結びついていた。ブリティッシュ・モード誕生から現代にいたる道のりを見てみよう。

👑 ブリティッシュ・モード

17〜18世紀のフランス王ルイ14世。貴族に贅沢で華やかな服装を奨励、宮廷内ではフランス産レースを着用するよう義務づけた。のちフランスはモードの中心地としての地位を確立する。

▌近世フランスに対抗

中世から近代、西欧各国では食事や服装を制限する贅沢禁止法が何度も発せられた。イギリスで初めて同法を制定したのは14世紀エドワード3世。エリザベス1世代の贅沢禁止法（1597）では金糸・銀糸、ヴェルヴェット、絹、サテンなどの着用を一定の身分以上の者に制限した。そんななか仏ルイ14世が西欧服飾史に変革をもたらす。貴族に豪華な服装を奨励、フランス上流階級のファッションが西欧を席巻しイギリスでも流行する。しかし、イギリスの人気紙は、フランスのファッションを華美で香水でごまかす不潔な服だと批判、代わりに頻繁に洗えて清潔なウールの上衣にシンプルな木綿・麻のシャツを勧めた。要は乗馬服で、のちの背広の原型、ブリティッシュ・モードの祖となる。18〜19世紀には宮廷人ブランメルがファッション・リーダーとなり、洗練された、優雅だが何気ない「ダンディ」な装いが世に広まった。

◀ 18世紀イギリスの日刊紙『The Spectator』が勧めた衣装。レースを控えシンプルで洗いやすく清潔。

▶ ブランメル（1778〜1840）。ジョージ4世の寵臣で「史上最高のダンディ」と評され、男子服装の美学を確立した。

テディ・ボーイズとモッズ

ヴィクトリア女王の長男エドワード7世（位1901〜10）は洒落者だった。彼の時代のファッションを好み、米ロックと強く呼応したのがテディ・ボーイズ（テッズ）。1950年代イギリスを席巻した不良少年たちだ。テディはエドワードの愛称だが、悪童たちは上流階級の服装をパロディ化した。これに対してテッズ下火の後、若者の間で流行ったファッション・音楽がモッズ。胴を絞ったスーツ、細身のズボン、フレンチクルーカットの短髪などが特徴。

グラムロック・バンドに見るテディ・ボーイズの装い。

モッズ仕様のベスパとモッズコート（ミリタリーパーカ）。

パンクとニュー・ロマンティックス

1970年代頃から若者の間で流行したパンク。彼らは髪を逆立てる・染める・スキンヘッドにする、耳や口にピアスをするなどした。ロンドン・パンクを象徴するバンド「セックス・ピストルズ」が反社会的な歌で人気となってからは反社会・反常識的な通念を共有したとされる。80年代ニュー・ロマンティックスは暴力的なパンクと対照的におしゃれなサウンドとビート、派手な衣装などのビジュアルが特徴。ボーイ・ジョージ、デュラン・デュランなどが有名。

パンク・ロックは破壊的なサウンドを特徴とし、パンクは米英から世界に広まった。

のち生まれたニュー・ロマンティックス。

ヴィヴィアン・ウエストウッド

Vivienne Westwood

1941年生まれのファッションデザイナー・実業家。マルコム・マクラーレンと起ち上げた復刻テッズの服飾店に集った若者をプロデュース、「セックス・ピストルズ」として売り出し、自身はソフト・パンクで世界のメジャーとなり「パンクの女王」と呼ばれた。のちエレガンス路線に舵を切る。現在英国を代表するトップデザイナーで、2006年デザイナーとしての貢献に対しデイムの称号も得た。2022年に死去。

Chapter 5

英国の**コメディ**

喜劇王チャップリンを生み、鬼才集団モンティ・パイソンが笑いの世界に革命を起こし、コメディ・シリーズ『Mr.ビーン』で知られるローワン・アトキンソンを輩出する。現在に至るまでシチュエーション・コメディ（シットコム）番組は定番の人気を誇る。著名なコメディアンたちの偉業をピックアップしてみた。

チャーリー・チャップリン

Charles Spencer Chaplin

寄席の歌手だった両親のもと1889年ロンドンに生まれる。幼時に父と死別、母と貧苦の日々を過ごした。17歳で劇団に参加、渡米公演の機を活かして映画界に入り、『キッド』『黄金狂時代』『街の灯』『モダン・タイムス』『ライムライト』など数々の傑作を発表した。1940年『チャップリンの独裁者』や1947年『殺人狂時代』発表後には米保守派に共産主義者と見なされ、のちスイスに住んだ。『サーカス』（1928）で第1回アカデミー賞特別賞、1975年英女王からナイトの称号、仏レジオン・ドヌール勲章ほか数々の栄誉を得る。

1921年『キッド』では自ら監督・脚本・作曲・主演を務めた。チャップリン初期の代表作。

1925年
『黄金狂時代』のポスター。

1931年
『街の灯』。

1936年
『モダン・タイムス』。

1940年
『チャップリンの独裁者』。

モンティ・パイソン

Monty Python

メンバー6人中5人がオックスブリッジ卒というコメディ・グループ。ほぼ無名だった彼らが始めたTV番組『空飛ぶモンティ・パイソン』（1969〜74）がヒットし一躍人気者に。数々のスケッチ（コント）は今なお不動の人気。

左からマイケル・ペイリン、ジョン・クリーズ、エリック・アイドル、テリー・ジョーンズ。

┃ モンティ・パイソンの著名なスケッチ

死んだオウム

買ったオウムが死んでいると苦情を言う客と、死んでいないと言い張る店員の押し問答。のち元ネタが4世紀ギリシャジョークだったと判明。

スペイン宗教裁判

中世スペインで行われた異端審問・弾圧をネタにした著名スケッチのひとつ。訛りが強い押し問答をする男女のところに3人の審問官が現れる。

ナッジ・ナッジ

邦題『このお、ちょんちょん』とも。パブで隣り合った紳士に対し若い男が質問攻め、紳士の話に性的な意味合いを勝手に読み取り話が進まない。

スパム

食堂に入った夫婦がメニューを訪ねるとスパム入り料理ばかり。スパムが連呼されると食堂でスパムの合唱が…。迷惑行為＝スパムの語源とされる。

ローワン・アトキンソン
Rowan Sebastian Atkinson

1955年ダーラム生まれ、ニューカースル大・オックスフォード大卒の俳優・コメディアン。若くして舞台・テレビ・映画で活躍し数々の受賞歴を有する。主演するコメディTV番組『Mr.ビーン』（1990〜95）が人気となり世界中で放映され

2009年ジャガーで英国のレースに参加。

大ヒット、自らの代名詞に。97年『ビーン』として映画化もされた。無類の車好きで、所有歴にロールスロイス、ベンツ、ホンダNSXなど。

2023年、英ロイヤル・フェスティバル・ホールで開催されたワールドプレミアに参加するアトキンソン氏。

サイモン・ペッグ
Simon John Pegg

1970年グロスター生まれ。ロンドンでスタンダップコメディアンとして活躍、99年からシットコムTVシリーズ『スペースド』で人気に。2004年映画『ショーン・オブ・ザ・デッド』で主演、脚本も手がけ世界中で大ヒットに。『M:i:III』『スター・トレック』『ナルニア国物語』などで主要キャストを演じた。

2013年、米サンディエゴで開催された国際コミコンでスピーチを行うサイモン・ペッグ氏。

6

chapter

生活&文化

多くの近代スポーツや鉄道・地下鉄、動物愛護はイギリスが発祥。他にもガーデニング、アンティーク、伝統料理など「らしい」見所はいっぱい。イギリスの生活を覗いてみよう。

英国の紅茶

今でこそイギリスといえばアフタヌーンティーの習慣が知られるが、始まったのは1840年と、意外にそれほど古くない。紅茶がイギリスで広く飲まれるようになった

のは18世紀頃から。大英帝国の拡大にともなって買い付け先が変わり、小売店の開店もあって庶民の間で普及していく。紅茶の歴史をひもといてみよう。

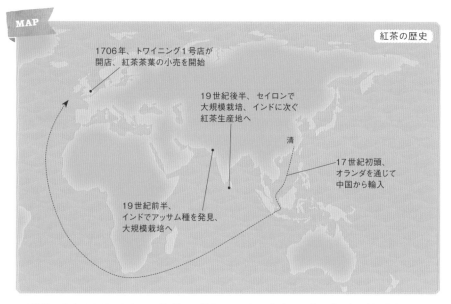

MAP

紅茶の歴史

1706年、トワイニング1号店が開店、紅茶茶葉の小売を開始

19世紀後半、セイロンで大規模栽培、インドに次ぐ紅茶生産地へ

清

17世紀初頭、オランダを通じて中国から輸入

19世紀前半、インドでアッサム種を発見、大規模栽培へ

17世紀、お茶は中国からオランダを通じて輸入していた。当時、お茶は「万病に効く薬」と言われ、値段も高価で嗜んだのは主に富裕層。少しして砂糖がもちこまれ宮廷で喫茶の習慣ができる。18世紀初頭にはロンドンに初の紅茶小売店が開店、次第に紅茶が庶民に広く愛飲されるようになった。

18世紀初頭のイギリス中・上流階級の間で、南米産の砂糖を入れて喫茶を楽しむ絵画が残っている。

1706年、ロンドンで初めて紅茶・茶葉の小売店がオープンする。ご存じトワイニングの1号店だ。

🌹 お茶のつくり方

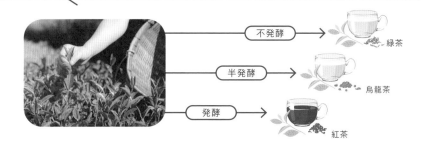

不発酵 → 緑茶

半発酵 → 烏龍茶

発酵 → 紅茶

🌹 アフタヌーンティーこと始め

英東インド会社は19世紀初頭までお茶の輸入を独占、貴族社会に喫茶の習慣が広がる。アフタヌーンティーを始めたのは1840年、ベドフォード公爵夫人アンナ。午の昼食からディナー8時までの間の小腹を満たすためで、この時間が社交の場となっていく。

午餐から晩餐の午後8時まではアンナにとって長すぎた。4～5時に軽食を伴う喫茶を始めた。

Column

カップに注ぐのは ミルクが先？ 紅茶が先？

フィッシャー
Ronald Aylmer Fisher
イギリスの統計学者。
1890～1962年。

この論争、実は2003年に決着済み。「常温のミルクに高温の紅茶を注ぐとミルクのタンパク変性が少なく美味しい」と王立化学協会が発表したのだ。また統計学者フィッシャーの著書には、ミルクと紅茶どちらを先に入れたかわからないカップを8杯用意し、ある夫人に当てさせたというエピソードが出てくる。この手法は現在「ランダム化比較実験」として知られている。

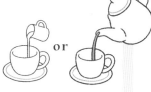

or

英国のパブ

イギリスのパブはPublic House（公共の家）の略。飲食ばかりをする場所ではなく、友人との会話を楽しんだり、サッカー観戦をみなで楽しんだりする。だから老若男女が集い、下戸でもパブの常連という人もいる。日本人が一般に想像する「酒場」とは少し違うようだ。イギリスならではのパブの魅力に触れてみよう。

ローマ支配下にあった時代のローマ皇帝、ハドリアヌス。パブの起源はこの時代に遡る。

パブの元となった中世の宿屋や居酒屋では、西洋キズタの枝の束を店先に掲げて看板にした。

パブの歴史

1世紀頃、古代ローマが各地に街道を整備した。この街道に沿って小さな建物が建ち、旅人のために酒を売る宿屋・居酒屋となり「タヴェルナエ」と呼ばれた。10世紀にアングロサクソンのエドガー王は町・村あたりの店舗数に制限を設けている。これらが11〜13世紀に「イン」「タヴァン」（いずれも飲食可の宿屋）「エールハウス」へと分化していき、ヘンリ7世代には「パブリックハウス」として知られるようになった（15〜16世紀）。16世紀には出店が認可制になる。「パブ」の略称で呼ばれるようになるのは19世紀。産業革命で都市に流入した労働者たちは、パブで飲食・歓談、賭け事や音楽を楽しんだ。現在もさまざまな看板が店先を飾る。

英国最古のパブのひとつ「Ye Olde Fighting Cocks」。クロムウェルが一泊したという伝説がある。

赤いライオンの看板。多くの店がさまざまな図案で掲げる。

チャーチルの看板。アームズは紋章の意、他にキングズ・アームズなど。

3頭の鹿の看板。ヘッドは頭というより胸から上、肖像画という意味。

こちらも多い黄金のライオン。ライオンは英王室紋章の一部でもある。

まさに女王の肖像画。これはエリザベス1世の肖像画を模している。

🌹 パブのお作法と楽しみ方

バーカウンターで注文し、出てきた飲み物と引き換えにその場でお金を払う「キャッシュ・イン・デリバリー」方式が一般的。カード支払やデビットカード支払が可能なこともある。基本的にチップは不要。複数の仲間たちで飲むときには、1人が注文して全員分を払う。2杯目は次の人が注文し、お金を払う。これをラウンドという。注文はパイントという単位で行い、英国では1パイント＝568ml。半パイントでも頼める。

♞ Column

パブで使える英語

ラガー	lager
エール	ale
スタウト	staut
黒ビール	dark beer
パイント（約0.6l）	pint
テーブル席で	at the table
カウンター席で	at the bar

「付け（カード）払いでいいですか？」
▶ Can I start a tab?

「ラガーを半パイントください」
▶ I'll have half a pint of Lager, please.

「次は私の奢る番だね」▶ It's my round.

「お釣りは取っておいて」▶ Keep a change.

🎵 行ってみたい！有名なパブ

チャーチル・アームズ
1750年創業、ロンドンで最も有名なパブのひとつ。ノッティングヒルにあり、一面花で覆われる。タイ料理も提供、ランチ使いも可。

ホーリー・ブッシュ
高級住宅街ハムステッドにあり、エレガントな外観、重厚な内装と日曜日のサンデーローストが人気。創業1807年までは個人宅。

エレファント・ハウス
スコットランド・エディンバラにあるパブ/カフェ。作家J.K.ローリングが『ハリー・ポッター』を執筆したお店として有名。

英国の
ウイスキー、ビール、ジン

伝統・格式の国である一方で、流行など最新の文化を発信する国でもあるイギリス。その伝統的な文化のうち、ウイスキーやビール、パブなどイギリスの伝統的なお酒

と文化は日本でもなじみ深いだろう。最近では日本国内でジン人気が高まっており、イギリス製品が注目されている。イギリスのお酒と文化を改めて紹介する。

ウイスキー、ビール、ジン

ウイスキー ～スコッチ&アイリッシュ～

スコッチウイスキーとアイリッシュウイスキーは世界5大ウイスキーの一角を占める。大麦麦芽のみ使うモルトウイスキー、未発芽大麦・小麦なども使うグレーンウイスキー、それぞれをブレンドするブレンデッドウイスキーがある。製造開始の時代は不詳だが、12世紀にはアイルランドで蒸留酒が飲まれ、スコッチは15世紀には文献に記述が見られる。スコッチは麦芽の乾燥に泥炭（ピート）を用いることが多く、伝統的なアイリッシュは泥炭を用いない。

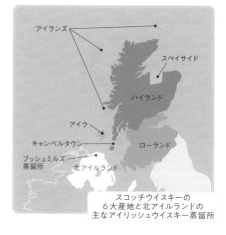

スコッチウイスキーの
6大産地と北アイルランドの
主なアイリッシュウイスキー蒸留所

スペイサイド産マッカラン。老舗百貨店ハロッズは「シングルモルトのロールスロイス」と絶賛。

ジョニーウォーカーは世界一飲まれているスコッチウイスキー。絶妙なバランス。

各地の原酒を数十種超使ったブレンデッドウイスキー、バランタイン17年。初心者にも最適。

ブッシュミルズ・モルト10年は3回蒸留でつくられるアイリッシュのモルトウイスキー。

ビールとジン

イギリスでは仕事中でもランチにビールを飲む。英国のビールの歴史は深く、ブリタニアと呼ばれたローマ時代には醸造され、5世紀頃アングロサクソン統治下でホップを入れないビールが「エール」と呼ばれ、定着していく。15世紀頃には大陸からホップを使って醸造したビールが伝わり人気に。しかし、イングランドとスコットランド合邦後の1713年に議会は麦芽税課税を決定、のちに増税が繰り返され、庶民はビールが飲めなくなっていく。そこに登場したのが大麦・ライ麦などを用いて杜松（ねず）の実の風味を加えた蒸留酒、アルコール度数40〜50度のジンだ。17世紀末に王位に就いたウィリアム3世が国産ジンを普及させるためフランス産のワインなどに重税を課し、ジンは国内に急速に広まった。ただ18世紀になると強い安酒であるジンは庶民が広く飲むようになり、アルコール依存や犯罪などの温床として社会問題化する。政府は酒場に規制を設けたり、ビールを奨励したりした。

18世紀イギリスの風刺画家ホガースが描いた「ビール街」。比較的裕福な市民がビールを楽しんでいる様が描かれている。

同ホガースの「ジン横町」。「ビール街」と対となる絵で、対照的に貧しい人々の痴態と貧相な町並みが見て取れる。

Column

パブ文化

どんな小さな田舎町にもあるというパブは「Public House」の略称。起源は古く、ローマ人が築いた街道沿いに旅人向けの建物が建つようになり、キズタの枝の束（bush）を看板にした。これがブッシュと呼ばれるようになり、のちに旅人の宿インやパブへと分岐していく。現在もパブは飲み食いの場でもあり、社交場でもある。

::::::::::::::::::::::::
イギリス小話①
::::::::::::::::::::::::

産業革命

イギリス産業革命の進展
新技術は次の新技術を呼んだ

イギリスで産業革命が始まった頃、工業生産の約6割を占める「世界の工場」はアジアだった。そこでは肥沃な土地や資源といった環境の制約のなかで人々が勤勉に働いて生産性を高め、経済成長を実現した。いわゆる勤勉革命だ。これに対して産業革命前夜のヨーロッパでは、諸国が政治・経済的覇権を求めて争い、最終的にイギリスが覇権を握っていた。植民地・外国との交易を通じさまざまな財が流入して商品として取引・消費の対象となる「商業社会」が生まれ、加えて農村部では輪作など新しい農法（ノーフォーク農法）が導入されて生産性が高まり、議会主導で土地集約が進ん

だ。土地を失った小規模農業者は農業経営者のもとで働くか、都市に流入し工場で働く賃金労働者の予備軍となった。さらに、なるべく多くの商品を輸出して外貨を得、貿易拡大をめざす「重商主義」が世論の支持を得たのもこの頃。有望な輸出先はイギリスが貿易赤字を被るアジアだ。こうした背景のもと、産業部門の技術革新、すなわち産業革命が起こってゆく。

技術革新はまず綿工業の領域で起こった。当時、綿織物の主な供給元はインドだった。これを国産し輸入代替すれば、大きな利益が見込める。1733年、ジョン・ケイは「飛び杼」を考案、手動織物機の生産性を大きく高めた。これは綿糸を生産する技術革新を促すきっかけとなり、効率性の高いジェニー紡績機や水力を用いた水力紡績機、両者をうまく組み合わせたミュール紡績機が発明・実用化され、生産性をさらに高めていく。品質の高い綿糸が大量生産できるようになると、織物を織る技術革新もまた促される。1785年、カートライトは水力を動力に用い自動化された綿織物機、

ジェームズ・ワット
(1736 ~ 1819)

スコットランド出身の技術者。ニューコメン、ワットらが実用化した蒸気機関は産業革命を大きく推し進めた。仕事率・電力の単位「ワット」は彼の名にちなむ。

力織機を発明する。動力源についても技術革新が進む。人力から水力へ、さらに石炭を用いた蒸気機関だ。ニューコメンやワットらは蒸気機関を改良・実用化、高効率で大きな動力を得た。

生産効率化と動力源の変化 西欧とアジアの地位は逆転

技術革新は綿糸生産・綿織物生産に留まらなかった。機械生産の機械工業、その原料となる鉄を生産する製鉄業、それら原料や生産物を大量輸送する交通業などだ。1814年にはスティーヴンソンが蒸気機関車をつくり、1825年には早くもストックトン＆ダーリントン鉄道が開業する。水力利用では立地が制限されるが、石炭を用いた蒸気機関なら立地・天候などを気にしないで済む。人々の生活は大きく変わった。これら生産技術の革新は、単に工業生産の効率化だけにとどまらず、社会に大きな影響を与えることになる。石炭を動力源に利用し、自動化された機械を用いる工場では労働者の技術の熟練はそれほど必要とされなくなる。大量の非熟練労働者を工場経営者＝資本家が賃金雇用する機械制工場が広

ストックトン＆ダーリントン鉄道の開業
1825年、世界で初めて蒸気機関車がけん引する公共用鉄道が開業した。北東イングランドのダーラム州、ストックトンとダーリントンの間、当時路線は約40km。

まり、利益の獲得と資本拡大をめざす「資本主義」が生まれた。一方で工場労働は熟練を必要としないため誰でも参加でき、劣悪な賃金水準・生活水準にさらされた。都市部には農村から人口が流入、都市化が進む一方、労働者居住地域の衛生状態は悪く、これらは「社会問題」として認識されるようになり、その解決のための議論がされるようになる。さらにこうした人口動態の変化はのちの選挙権拡大にもつながっていくだろう。こうしてさまざまな財を安価で大量に生産できるようになったイギリスは「世界の工場」となり、さらなる市場と原料供給地を求めて世界進出を進めていく。イギリス以外の欧米各国も続いて産業革命をなしとげ、残りの地域を市場・原料供給地として資本主義的世界経済システムに組み込んでいった。

かつて世界の工場だったアジアは、欧米における軍・行政の組織化・効率化の進展・国家システムの合理化に遅れをとり、産業革命によって優劣が逆転した。こうして先進の西欧諸国が後進のアジア各地を植民地化するという関係が進む。イギリスに始まる産業革命は、世界史の大きな分岐点となったのである。

ミュール紡績機
複数の紡車を備えた手動紡績機＝ジェニー紡績機と、水力で糸を撚る水力紡績機を組み合わせたもの。クロンプトンが発明、実用化し19世紀には全自動化した。

Chapter 6

英国の**アンティーク**

イギリスはアンティークの宝庫。加えてイギリス人はアンティーク愛が深い。歴史の深い土地柄ゆえ、古い家具や銀器・陶器、ジュエリーやアクセサリー、長く伝わる絵画や古着・レースを慈しみ、週末に至る所で開催される大小の骨董市には多くの人が訪れる。ロンドンの骨董市場や、愛すべき古き物たちを紹介しよう。

ロンドン
骨董市場
Map

カムデン・ロック。若い人にも人気で広大。周辺に再開発の噂も。

ポートベロー。ストリート・マーケットとしては世界最大級。

コヴェントガーデン。大規模で観光エリア内にあり、何でも揃う市。

カムデン・パッセージ。銀器など常設の専門店が並ぶ閑静で小さな市。

バーモンジー。目利きなら掘り出し物に出会える玄人向けの市だそう。

シルバー（銀器）

銀は純度100％だと柔らかくて実用に耐えず、通常は銅などを一定程度混ぜた物を純銀とする。イギリスでは古くから銀の品質維持の制度が整えられ、純度92.5％以上のものを純銀、スターリングシルバーと呼ぶ。その品質や製造元などを示す刻印がホールマークで、検査機関が品質を認めた物に刻印される。1300年の法律により純銀ならロンドンではライオンのマークが入るが、時期・地域などによりマークは異なる。ロンドンで本格的に銀器を探すなら、ロンドン・シルバー・ヴォルツ。専門店ばかりが並ぶ老舗で世界的にも有名。左ページの骨董街などにも銀器店はある。眺めながら歩くのも楽しそうだ。

ロンドンのポートベロー・マーケットの銀器店。銀製品には中まで銀の純銀製品と、別の金属の表面に銀メッキを施したシルバープレートがあり、後者のほうが安価。

シルバーホールマークの一例。純銀（925/1000）を証明する刻印、検査機関の刻印、製造年代を示す刻印、製造者の刻印などがある。

懐中時計

骨董市で、お気に入りを探すのが楽しいもののひとつが懐中時計。落下防止用の鎖やぜんまいを巻くためのミニキーが付き、形もさまざまで蓋がないオープンフェースや蓋付きのハンターケースなどの種類がある。蓋・裏蓋の凝った彫金も観て楽しい。

カムデン・ロックに並ぶ懐中時計たち。他にグレイズ・マーケットなどもお奨め。

古家具

アンティーク家具なら、不動の人気ヴィクトリアン様式や、ハノーヴァー朝のジョージアン様式、同時期の家具師にちなんだチッペンデール様式など色とりどり。

著名家具師チッペンデール本人によるマホガニー材などを用いた家具。1773年製。

ヴィクトリアン・スタイルのシャーロック・ホームズ博物館展示の室内内装。

英国の**ガーデニング**

日英とも庭園の歴史は長い。故エリザベス2世は訪日時「日英両国民は多くの同じ特質を持つ。この類似性は庭を愛し、車を道路の左側を走らせる趣味にまで及ぶ」と語った。イングリッシュ・ガーデンは日本でも人気。幾何学的でなく、曲線を描く小道の脇に自然に咲き誇る花々。イングリッシュ・ガーデンの歴史や見所を紹介しよう。

🌹 イングリッシュ・ガーデンの歩み

仏ヴェルサイユ宮殿の庭園。整形式庭園の典型。

ウィリアム・ケントが設計した、ロンドンにあるチジック庭園。

風景式庭園が理想とした風景画家の1人クロード・ロレインの風景画。

ブレナム宮殿のためブラウンが設計した庭園。

「English Garden」というと18世紀「風景式庭園」から、というのが一般的。しかし、それ以前にも庭園の歴史はある。12世紀カンタベリー修道院の配置図にはハーブ園が描かれ、13世紀の王室会計文書には王室庭園の様子が記されている。14〜15世紀にも、貴族やコレッジの庭園だけでなく、菜園の位置づけではあるが庶民の間でもガーデニングは行われた。のち17世紀にフランスのヴェルサイユ宮殿の庭園が象徴する幾何学的な「整形式庭園」が世界に広まり、イギリスでも一世を風靡した。しかし、18世紀これに異を唱える者が英国に現れる。より自然で非整形な「風景式庭園」はウィリアム・ケントに始まり、ランスロット・ブラウンが完成したとされる。ブラウンは1764年王立ハンプトン・コートの造園主任となり、「土地の力を活かす」との信条から"ケイパビリティ"・ブラウンとも呼ばれた。この伝統はのちに変化しながらも現在なお生き、その最高傑作のひとつがシシングハースト、20世紀最高とされる庭園だ。

シシングハースト城庭園はロンドンの南東にあり、月ごとに花が順次移り咲く。現在はナショナル・トラストが管理。

🌹 みんなのガーデニング

イギリスで郊外に移転する中間層が増え、一般家庭に庭園が普及したのは19世紀頃とされる。この頃アマチュア・ガーデナー向け園芸書も出版され、人工的要素を極力排する「ワイルド・ガーデン」が提唱された。自然で非整形な庭園は、一般家庭にも

郊外住宅地の俯瞰。家々の裏手に道路側からは見えないバックガーデンが多くあることがわかる。

カントリーハウスの庭園に咲き誇る花々。

影響したのである。鳥瞰図に見るように、郊外の家庭には通常前庭より大きなバックガーデン（裏庭）があり、都市部アパート住まいの人も専用のプライベートガーデンや植木箱などで草花を愛でるようだ。美しい在郷邸宅の庭園には公開されているものもある。

173

英国のオーク（楢）

巨木信仰は世界各地に見られるが、イギリスでその対象となったのはオーク。深い森の奥に静かに立つオークの巨木は「森の王」として人々の信仰を集めた。ケルトの祭司ドルイドが神聖視し、現代イギリス人もその材木を最高級と信じ、古くは貴顕の死にオーク棺が用いられ、いまもその風習が残る。オークの歴史と影響を見てみよう。

「森の王」オークの歴史

イギリスには固有名で呼ばれるオークの巨木が各地にある。なかでも「エリザベス1世女王のオーク」「シェイクスピアのオーク」など王室や歴史的著名人につながる名をもつオークは特に有名で、よく観光客も訪れるそう。イギリス人は昔からオークの巨木に畏怖・尊敬の念を抱いてきたようで、古代ドルイド教では雷（雷神）の落ちたオークの巨木は特に神の依り代と考えられたという。シェイクスピアは数多くの劇作のなかでオークの森を重要な舞台に設定したし、少し後の清教徒革命中、クロムウェルに追われたイングランド王チャールズ2世（位1660～85）は敗走中オークの巨木の中に身を隠して命拾いしたと伝わる（ロイヤル・オークの伝説）。オークは英王室の木でもあった一方、中世の農民たちは秋から冬にかけてオークの森に豚を放牧してその実ドングリを食

ロイヤル・オークの息子と伝わる巨木。バーミンガム北東約30kmにある。

エリザベス1世女王のオーク。

メジャー・オーク、別名ロビン・フッド・オーク。

べさせて肥やし、重要な食糧としたり、オークを堅牢な建築用材としても用いた。メジャー・オークは12世紀頃にシャーウッドの森に身を隠した伝説的英雄ロビン・フッドの隠れ家とされ、ロンドンのグリニッジ公園にあるエリザベス1世女王のオークは、グリニッジ宮殿で生まれた女王がその根元

『マクベス』で知られるバーナム・オーク。

ロビン・フッドの食料庫。写真は1880年頃のもの。

でよく身を休めたと伝わる。スコットランドのバーナム・オークは、シェイクスピアの劇作『マクベス』で舞台となったバーナムの森にあり、エディンバラの北約70km

にある。残念ながら現存しないロビン・フッドの食料庫と呼ばれるオークはシャーウッドの森にあり、太い幹に彼らが鹿肉を吊るしたとされる大きな空洞があった。

ナショナル・トラスト

イギリスの自然環境や歴史的建造物などを保護するため、1895年に民間で設立された団体・制度。美しい自然や史跡などを国民の共有財産と考え、会員からの会費や一般からの寄付で運営されている。そのロゴがオークの枝と実。のち日本にも同名の組織ができ自然・史跡保護を行う。

バーミンガムの北、美しいダブデール峡谷にあるナショナル・トラストのロゴ。

ナショナル・トレイル

政府が指定・管理する、イギリスで最も美しい自然景観のなかを通る長距離トレイル・ロード。所によりマウンテンバイクや馬でも景色を楽しむことができる。オークの実が図案化されてシンボルとして使用され、各地の主要分岐点や指定道路沿いに標識として掲げられている。

イングランド各地にある海沿いの道で方向を示す標識。

ロンドンにある、テムズ・パスであることを示す標識。

英国の**動物愛護**

いまでこそ動物愛護やアニマルウェルフェア（動物福祉）の先進国とされるイギリス。ただ17世紀以前には人による動植物支配は当然と考えられ、鎖につながれた熊や牛に犬をけしかけて傷つけ合うのを観戦する「熊いじめ」「牛いじめ」といった娯楽があった。英国の動物福祉はどう発展してきたのか、簡単に見てみよう。

🌹 動物愛護の歴史

その昔、動物は知能を持たないとの考えから残虐な屠殺や動物の酷使が当然視され、「熊いじめ」「牛いじめ」が娯楽として楽しまれた。英国でこうした動物の下等視が批判されるようになったのは18世紀頃からと考えられている。ベンサムは「配慮すべきは動物が（中略）苦痛を感じるかどうか」だと主張した。こうした動物観の転換を背景に設立されたのが動物福祉団体、RSPCA（王立動物虐待防止協会）だ。設立から約10年後には「熊いじめ」「牛いじめ」が禁止される。のち19世紀にはダーウィンが進化論で人類は猿から進化したと発表、ここに人類と他の生物の間の明確な境が取り払われた。当時すでに都市中間層の間でペット飼育が普及し、動物が感情や知能をもつという認識は定着しつつあった。さらに産業革命が都市の過密と汚染をもたらし、自然志向を後押しする。18〜19世紀には動物が害獣・労働力から保護・愛玩の対象へと変わる。こうして動物虐待防止の潮流は20世紀後半には大衆にも浸透、動物福祉が一般に普及した。

熊いじめ
闘技場「ベアガーデン」で熊を痛めつけ、苦しめる様がスポーツとして観戦された。

牛いじめ　ブルドッグによる闘犬の一種。犬と雄牛（ブル）を闘わせ、犬が牛を倒す様子を見て楽しんだ。

**ベンサム
（1748 〜 1832）**
イギリスの法・哲学者。社会の目的は「最大多数の最大幸福」と考えた。功利主義の創始者。

**ダーウィン
（1809 〜 82）**
イギリスの博物学者。1858年進化論を発表、翌59年『種の起源』を刊行し進化論を唱えた。

アニマル・ウェルフェアに関する法規

すでに19世紀から動物愛護にかかわる法令が整備されてきたイギリス。近年、イングランドで複雑化した動物福祉に関わる法体系の変更が行われた。それまで動物福祉法の下、別々の法により認可が必要な活動の規則が定められていたものが整理され、「2018年動物福祉規則」として必要な業種別にガイダンス・基準を設定する。

2006年 動物福祉法　Animal Welfare Act 2006

動物福祉を促進するため、飼養管理下にある脊椎動物の飼い主による「適切な世話」を義務化、違反または不必要な苦痛を与えた場合に罰則を科す。虐待・闘争行為などの犯罪はより広い動物を対象とする。この法の下、下記福祉規則により、一定の動物に関する活動（ペット販売・犬の繁殖など）について認可または登録制を制定する。

2018年 動物福祉規則　Animal Welfare Regulations 2018

従来のペット動物法・犬繁殖法・動物保管施設法などを統合、動物にかかわる商業的活動に関して犬の繁殖業・ペット販売業・犬または猫の保管施設提供・展示動物の飼養や訓練などを認可、ガイダンスを設ける。また2020年「ルーシー法」によりブリーダー以外の第三者による生後6カ月未満の子犬・子猫の商業販売を禁じる。

Column

RSPCAって？　世界最古の動物福祉団体

Royal Society for the Prevention of Cruelty to Animals、1824年発足。現在イギリスで最大規模の動物福祉団体で、動物愛護の普及と動物虐待の防止を目的とする。政府補助は支出の0.1％以下で、活動費はほぼ寄付金で賄っている。動物の救出・リハビリ、獣医学的ケアの提供、動物福祉改善のための法改正推進などを行う。

✤日本との違い

ペットショップ
生後6カ月未満の犬・猫のブリーダー以外のペットショップなど第三者による販売は禁止。他欧米でも同様の動きが広まる。

公共交通機関
盲導犬・介助犬以外の一般犬でも、地下鉄・バス・旧国鉄ではケージに入れなくてもリードにつないだ状態なら乗車可能。

Chapter

6

生活&文化

:::::::::::::::::::::::
イギリス小話 ②
:::::::::::::::::::::::

レディ・トラベラー

ヴィクトリア時代に現れた
レディ・トラベラーたち

19世紀後半、大英帝国は世界に広大な植民地を抱えていた。そうした世界の「辺境」を好んで旅した女性たちがいる。レディ・トラベラーと呼ばれる旅行家・紀行作家たちだ。駐トルコ大使の夫とともにコンスタンティノープルに滞在したメアリ・ウォトレイ・モンタギュ、白人女性として初めてシリアの古代都市パルミラを訪れたヘスター・スタノップはいずれも貴族出身。他に西アフリカを冒険したメアリ・キングズリ、なかでも日本で知られるのはイザベラ・バードだろう。明治初期の日本各地を訪れた貴重な紀行文『日本奥地紀行』を残し、同書は漫画化*もされている。

バードはイングランド北部ヨークシャーの生まれ、弁護士から牧師へと転身した父をもつ裕福な中産階級の出。幼少期から体が弱く、医者に転地療養を勧められたのが世界の辺境を旅するきっかけとなった。訪れたのはアメリカ、アジア、アフリカに及ぶ。初めて来日したのは明治初期の1878年。まず上陸した横浜で、彼女は『日本奥地紀行』にこう書いている。「…最初に私の受けた印象は、浮浪者が一人もいないことであった」。その後も彼女は治安のよい

馬上のイザベラ・バード。ロッキー山脈やハワイ、中国・朝鮮半島や日本などを旅した。日本での旅程を記した『日本奥地紀行』は欧米でベストセラーとなった。

日本をめぐることとなった。ただし、彼女が行きたかったのは政府さえ把握できていないような僻地ばかり。まず苦心したのが雇うべき通訳だった。旅が成功するか否かがかかる、重要な選択となる。多くの日本人が彼女のもとに通訳の仕事を求めてやって来た。「英語は話せますか」「イエス」「今まで旅行したところはどこですか」「東海道、中山道、京都、日光」。彼女が行きたい東北・北海道に詳しい者はそうそういなかった。英語も拙い。最後に、紹介状すらもたない若い男「伊藤」がやってきた。最初は信用できず、契約書は交わしたが二度と現れないかもしれない、と思ったほどだ。しかし彼の英語は比較的ましで、次の面会

イザベラ・バード
(1831 ～ 1904)

イギリスのレディ・トラベラーのひとり。当時女性の騎乗で常識だった横乗りでなく、元々男性用のメキシコ鞍を用いた「跨がる」騎乗で日本ほか世界各国を旅した。

*漫画：『ふしぎの国のバード』（ハルタコミックス）

メアリ・キングズリ
(1862 ～ 1900)

ロンドン生まれ。レディの誇りをもってドレス、ブラウスにロングスカート、フォーマルな帽子に身を包み、パラソルをもって西アフリカを探検、書籍に記した。

に約束の時間どおりに現れた。以降、彼は心強い案内人となる。

西欧人女性として初めての踏破　苦しい旅程も、 むしろ上等？

　当時、日本の奥地をひとりで旅した西欧人女性はいなかった。多くの英国人に反対されたが、彼女の決意は変わらなかった。食糧や旅費など多くの心配事はあったが、通訳の面談を記した書簡の2日後の書簡には、すでに東京・浅草の仲見世を訪れたという記述がある。「浅草では毎日が祭日である」。浅草の仲見世などの店に売られていた仏具・おもちゃ・煙草道具などの商品、仏教の習慣や建物、人々の様子に関する彼女の描写は詳細で、まるで文化人類学者のようだ。

　こうして彼女は日光を経て新潟、山形、北海道まで足を延ばす。悪路に躓き、汚く臭い小屋の宿では蚊やゴキブリ、ネズミの類に悩まされ、たまに手に入る卵や鶏肉の類に喜び、道々出会う子どもたちが村をあげて大切にされていることに感嘆し、土地でできた友人との別れを惜しみながら。紀

行には日本のこの頃の北日本や北海道の風俗が生き生きと描かれている。農村の暮らしや、アイヌの人たちへの当時の日本人の偏見なども。

　道中の苦労は多かったが、彼女はどうも逆境を楽しむ口のようだ。青森市から函館までの船旅は悪天候で波風はひどく、服は全部濡れ、しかも寒かった。船室にも水が入ったというが、それでも紅茶を嗜むのはイギリス人らしい。「風と雷雨、そして『北海の荒れすさぶ音』が北の島に上陸しようとする私を猛烈に歓迎してくれた」とも書いている。北海道ではアイヌの人々と二泊三日を過ごすことができ、彼らの風俗・習慣などを調査して書き記し、これも当時を知る貴重な資料となっている。当書の他にも、バードの『ロッキー山脈踏破行』『ハワイ紀行』『中国奥地紀行』『朝鮮紀行』などは日本語で読むことができる。いずれも当地習俗の高解像度な描写や「転地療養」とはとても思えない彼女の行動力には驚くほかない。『ロッキー…』では現地男性へのほのかな恋心まで披露しているので、こちらもお勧め。

英国のスポーツ

フットボール（サッカー）やラグビー、ボートや競馬など、多くの近代スポーツがイギリスで19世紀頃に組織化された。これに大きく貢献したのはパブリック・スクール

古代中国・日本では蹴鞠として楽しまれた。

ンと近郊クラブの代表らがフットボール協会（FA）を組織、ルールを統一していった。1871年にはFAカップ大会が開催され、従来は大学やパブリック・スクール出身者の上流階級のスポーツであったが広い階層が競技場に集まるようになった。

2019年9月、横浜で行われたラグビーワールドカップ・プールA、アイルランドとスコットランドの一戦。

だ。ラグビー校がラグビー発祥の地とはよく知られるが、紳士育成校は多くのスポーツでルール形成・整備、統一組織化を進めた。その歩みを見てみよう。

フットボール（サッカー）

起源は諸説あり不詳。古代ギリシャや古代中国でも、足でボールを扱う競技は兵士の鍛錬や一般的な遊びとして行われている。19世紀にはパブリック・スクール教育に取り入れられ普及に貢献するが、まだ全土統一ルールはなかった。1863年にロンド

ラグビー

こちらも起源に諸説あり。もともとフットボールの一種で共通ルールが定まっていなかったが、1823年に英国パブリック・スクールのラグビー校で選手が試合中ボールを持って走ったことが発祥として広く知られる。日本でも100年以上親しまれ、2019年には本邦開催のW杯でも広く楽しまれた。

ボート競技

世界最古の競技のひとつで、古代エジプト・中国に競漕の記録 伝承が残る。近代ボート競技は18世紀テムズ川での競漕に始まり、現代に続くものではヘンリー・ロイヤル・レガッタが19世紀から開催されている。いまも日英で行われる大学対抗レガッタ・レースは有名かつ季節の風物詩。

毎年夏に開催される伝統のヘンリー・ロイヤル・レガッタ。全レースで2艇による勝ち抜き戦を争う。

1711年、アン女王がアスコットに王室所有の競馬場を開設、女王杯レースを開催しロイヤル・アスコットとして今日まで続く。

近代競馬

古く競馬は古代地中海世界やアジア・日本でも行われたが、「近代競馬」発祥の地はイギリス。16世紀に英初の常設競馬場がチェスターにでき、17世紀頃に王侯貴族の庇護を受け発展、18世紀にはルール制定と裁定、成績の記録といった制度整備がなされた。英国の著名レースにダービーやオークスなど。

テニス

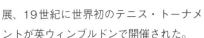

中世フランスに原型ができて英国に伝わり発展、19世紀に世界初のテニス・トーナメントが英ウィンブルドンで開催された。

ゴルフ

起源不詳。記録に残る初のゴルフクラブは18世紀エディンバラ・ゴルファーズ。大会開催とルール制定を行い発展に寄与した。

クリケット

英連邦諸国で多く行われる競技で最高年俸額はインド人選手の30億円以上。英国発祥説が一般的で、のち英植民地に広まった。

ポロ

馬に乗りスティックで木製のボールを相手方ゴールに入れる。紀元前ペルシャが起源で19世紀英国が導入、近代ルールを整備。

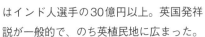

英国の**鉄道・地下鉄**

産業革命を先導し「世界の工場」として君臨した大英帝国。その新しい技術は世界初となる鉄道・地下鉄の建設を導いた。陸上で貨物・旅客を大量に輸送することを可能にし、のち各国に広まった鉄道路線網は現代産業の育成に不可欠な社会資本となる。日本にも大きな影響を与えたイギリスの鉄道・地下鉄。その歴史を見てみよう。

世界で初めて蒸気機関車が列車を運んだ本格的な鉄道、リヴァプール・マンチェスター鉄道を走った蒸気機関車「ロケット号」のレプリカ。イングランド北部の街ヨークにあるイギリス国立鉄道博物館に展示中だ。下段3つの写真も同博物館に展示されている蒸気機関車。

左が通称「ハミルトン公爵夫人」、右が Mallard 蒸気機関車。

1932年建造のフライング・スコッツマン。機関車トーマスにも登場。

ミッドランド鉄道を走っていた115型蒸気機関車 No.673。

スティーヴンソン（1781 ～ 1848）。1814年に最初の実用的蒸気機関車を製造した。

🌹 世界初の鉄道

産業革命に先立ち、イギリスの技術者ニューコメンは最初の実用的な蒸気機関「大気圧機関」を1712年に発明した。これは鉱山の揚水ポンプに用いられたが、それも18世紀末ワットの蒸気機関が登場するまでだった。ワットは蒸気機関の改良

1825年〜ストックトン・ダーリントン間を運行した蒸気機関車ロコモーション号。

1830年、リヴァプール・マンチェスター間で世界初の蒸気機関車による営業線が開業。

を繰り返して実用化に成功する。これは1804年トレヴィシックによる蒸気機関車の発明につながり、のちスティーヴンソンが蒸気機関車を改良・完成し25年ストックトン・ダーリントン間で初めて蒸気機関車で旅客・貨物を輸送した（客車は馬が牽いた）。30年にはリヴァプール・マンチェスター間に本格鉄道路線が完成、蒸気機関車「ロケット号」が就役する。

世界初の地下鉄もイギリス！

メトロポリタン鉄道（ロンドン地下鉄）開業を予告するロンドンのニュース記事（1862年）。各地下鉄駅の様子をイラストで伝えた。

産業革命を経てロンドンの人口は急増、加えて鉄道が首都と各地を結ぶとさらに人口流入を促し首都交通は混乱した。建物が密集した都心の交通渋滞を解消するため、地下鉄の構想がもちあがった。構想20年、開業は1863年。最初は道路の両側に鉄杭を打ち込み、現在とは異なり鋼材を間に渡して道路の蓋をすることなく掘り進める「開削工法」が採用された。のちテムズ川の川底下など軟弱地盤に適した「シールド工法」も用いた。

シールド工法を用いたブルネル（左）と発展させたグレートヘッド（右）。筒状のシールド内で掘削、内部を加圧し水の流入を防ぐ手法も導入。

現代のメトロ、愛称チューブのロンドンにあるファリンドン駅。

英国の 英語のバリエーション

母語とする人が最も多いのは中国語だが、ウェブやオンラインで使われているのは圧倒的に英語。いまや英語が国際語であることを疑う人はいないだろう。ただイギリス英語はアメリカ英語と少し違う。イギリス英語として日本人がよく聞くのはRP（容認発音/Received Pronunciation）、別名BBC英語という。英語のなりたちと奥深さを見てみよう。

英語の成り立ちは？

MAP

4〜5世紀

カレドニア

スコット

ブリタニア

ジュート

アングル

アングロ・サクソン

サクソン

フランク

西ローマ帝国

ジュート、アングル、サクソン人らがイングランド南東部に移住。異なる地に定住、のちの方言の元に。

MAP

シェトランド諸島

ノルウェー

スコットランド

スウェーデン

アイルランド

ロンドン

東フランク

■ ノルマン侵入地域
◀ ノルマン侵入経路

9〜12世紀

北欧からノルマン人が襲来。1066年仏ノルマンディ公がノルマン朝を創始、フランス語が英語に影響。

英語はイギリスにやってきたさまざまな民族・言語の影響を受けてきた。まず古代のアングロ・サクソン移住。彼らが土着ケルト系を制圧または追いやり支配者となった。英語がゲルマン系言語である由縁で、各部族の定住した地域による方言ができた。11世紀、フランスのノルマンディ公がイングランド王となったノルマン朝王宮で話されたのはノルマン・フレンチ。フランス語だが仏中央のものと少し違うノルマン方言だった。こうして英語にフランス語要素が加わり、のちにはさらにロンドン宮廷やパブリック・スクールなどの階級方言が加わり、英語はさらに豊かになった。

NAVIGIO:

ノルマン・コンクェストを描いたバイユーのタペストリー（刺繍絵物語）。11世紀作成と伝わる。

🌹 地方による英語の違い

各地方の英語話者は自らの英語に誇りをもち、実際はさらに詳細な分類が存在する。

映画『マイ・フェア・レディ』で有名になったコックニー訛りはロンドンの下町英語で、「day」を [dai] というように [ei] を [ai] と発音、「th（θ,δ）」を [f, v] と発音する。テムズ川河口域で話されていたエスチュアリー英語でも「th」を [f, v] と発音する。スコットランド英語では「say」の二重母音が長母音（セー）になり、アイリッシュでは「thin」（θin）がティンに聞こえる。ロンドンより南の南部英語は標準イギリス英語（RP）に近いと言われる。

階級によるアクセント

RP（Received Pronunciation）はイギリスの容認標準語（Received Standard）の発音だが、実際の話者は人口のわずか数%といわれる。パブリック・スクールや公共放送BBCなどで聞かれ、王室もRPを話すことから、RPを話す人は教養ある人、上流階級の人と見なされる傾向があるようだ。

🌹 アメリカ英語とイギリス英語

発音の大きな違いが「car」など母音の後の [r] を巻き舌で発音するかしないか。[r] を巻くのはrhotic、巻かないのがnon-rhoticと言われ、前者はアメリカ、スコットランドなど、後者はイギリス、オーストラリア、ニュージーランドなどで話される。そのほか下の表のように単語自体が異なるものもある。

英	米	和訳
first floor	second floor	2階
football	soccer	サッカー
crisps	potato chips	ポテトチップス
takeaway	takeout	持ち帰り

Chapter **6** 🌹 生活&文化

英国の**難読地名・単語**

これ、何て読むの…。ロンドンの地下鉄で困ったり、地図を見て頭を抱えたりした方もいるのではないだろうか。ことに古くから残る地名や伝統的な人名・単語には、どうしてそう読むの、というものが少なくない。アメリカ英語とは読みが違う単語もしばしばある。これが読めたら相当の通（？）な、難読地名などをまとめてみた。

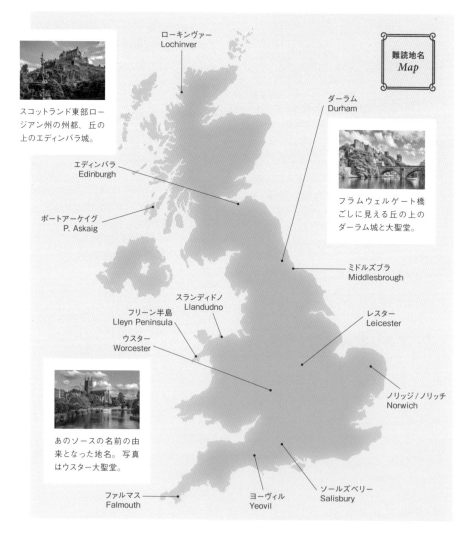

難読地名
Map

ローキンヴァー
Lochinver

スコットランド東部ロージアン州の州都、丘の上のエディンバラ城。

ダーラム
Durham

フラムウェルゲート橋ごしに見える丘の上のダーラム城と大聖堂。

エディンバラ
Edinburgh

ポートアーケイグ
P. Askaig

ミドルズブラ
Middlesbrough

スランディドノ
Llandudno

フリーン半島
Lleyn Peninsula

ウスター
Worcester

レスター
Leicester

あのソースの名前の由来となった地名。写真はウスター大聖堂。

ノリッジ／ノリッチ
Norwich

ファルマス
Falmouth

ヨーヴィル
Yeovil

ソールズベリー
Salisbury

その他の難読地名

地名	読み	場所
Bicester	ビスター	オックスフォードシャー州
Borough Market	バラ・マーケット	ロンドン
Buckingham Palace	バッキンガム・パレス	ロンドン
Chiswick	チジック	ロンドン
Cholmondeley	チャムリー	チェシャー州
Fulham	フラム	ロンドン
Gateacre	ガタカー	リヴァプール
Gloucester Road	グロスター・ロード	ロンドン
Greenwich	グリニッジ	ロンドン
Grosvenor Square	グロヴナー・スクエア	ロンドン
Happisburgh	ヘイズバラ	ノーフォーク州
Holborn	ホーバン	ロンドン
Hunstanton	ハンストン	ノーフォーク州
Leominister	レムスター	ヘルフォードシャー州
Plaistow	プラーストー	ロンドン
Southwark	サザーク	ロンドン
Teignmouth	ティンマス	デヴォン州
Thames River	テムズ・リヴァー	ロンドンほか

バッキンガム宮殿は王室の常住宮殿。1705 年建設、61 年王室所有。

ロンドンのグロヴナー・スクエア。9・11 の英国人犠牲者を追悼する。

テムズ川にかかるタワー・ブリッジと対岸サザーク地区の眺め。

\ これが読めたら気持ちいい！/
難読人名・単語

人名	読み	使用される場所
Eithne	エンヤ	アイルランド
Niamh	ニーヴ	アイルランド
Sean	ショーン	アイルランド
Vaugh(a)n	ヴォーン	ウェールズ

単語	読み	意味
either	アイザー（英）	どちらか一方の
lieutenant	レフテナント（英）	大尉・副官
schedule	シェジュール（英）	予定・時刻表
viscount	ヴァイカウント（英米）	子爵

英国の**階級**

ふだん話す英語の語句・発音・アクセント、食べ物、服、車、学校、買い物をする場所。こうした生活のほぼすべてにつきまとうのが階級なのだそう。たしかにイギリスは階級社会だ、とよく言われる。ただ階級は変化するし、歴史学が発展すれば支配層の捉え方も変わる。イギリスを理解するのに不可欠といわれる階級とはどんなものか見てみよう。

伝統的なクラス分け

Upper Class（上流階級／貴族階級）	
Middle Class （中流階級／中産階級）	**Upper Middle**（上層中流階級） 弁護士・医師等専門職、経営者、高位聖職者・官僚など
	Lower Middle（下層中流階級） 事務員・店員・小売主・自営職人など
Lower Class（下流階級）／Working Class（労働者階級）肉体労働者	

マルクスらが主張した資本家と労働者という2つの区分から、次第に上流・中流・下流という3つの区分がなされ、さらに中流のなかに上層・下層、のち中層中流階級な

BBCが行った階級調査から分析された7クラス

①エリート	全3資本（経済資本、文化資本、社会関係資本）を多くもつ	6%
②確立した中流階級	エリートの次に全3資本を多くもつ	25%
③技術系中流階級	比較的裕福で社会関係資本が少ない	6%
④新富裕労働者	比較的裕福で文化資本が少ない	15%
⑤伝統的労働者階級	3資本すべて少ないがバランスはよい	14%
⑥新興サービス労働者	若く貧しいが残り2つの資本は豊か	19%
⑦プレカリアート	全3資本にめぐまれない	15%

る区分まで現れた。さらに最近、BBCが2013年に公開した英国階級調査分析が大きな関心を呼んだ。世帯所得・貯蓄などの経済資本、趣味嗜好・教養に関わる文化資本、社会的ネットワークの範囲と性質に関する社会関係資本の量に着目し、7つの新たな階級を提示したのである。上下の差は鮮明で、中間層の違いは曖昧・複雑だ。

イギリスの階級の移り変わり

ジェントルマン、大衆社会化と大戦

中世より貴族の制度が発展し、14世紀には地主貴族・郷紳と呼ばれるジェントリが登場して貴族に連なり、次第に上流階級の仲間入りを果たす。17世紀頃に貴族・郷紳はジェントルマンと総称され、そこに商業・流通の隆盛により富を蓄えた商業資産家も加わっていく。近代を通じ、貴族は貴族院、新興層は庶民院に議席をもち、議会を通じて王権を制限、権利を伸張していく。一方で庶民院にはジェントルマンでない庶民も参加するようになり、19世紀あいつぐ選挙法改正により選挙権がより広い庶民へと拡大する。従来その背景の説明に産業革命を経た農業・産業資本家の台頭があげられたが、近年はジェントルマン資本主義

アスキス内閣は1911年、議会法を定め下院の優位を確立した。

トニー・ブレアは1999年、上院の世襲貴族議員数を大幅削減した。

という考え方が有力視されている。いわく、ジェントルマンたち伝統的な地主・土地貴族の担った農業資本主義と、のちに彼らが発展させるロンドンの金融等サービス資本主義が合体、名誉革命以降の時代を大きく左右したのだと。19世紀末に進んだ大衆社会化は第一次大戦を経てより進展、1911年議会法の定めた下院優位もあり貴族政治は大きく退退する。第二次大戦後に上院権限はさらに縮小していった。

中世後期、新興層の登場

貴族		世襲貴族
平民	ジェントリ	騎士・地主貴族。郷紳とも
	ヨーマン	独立自営農
	農民	隷農など。主に小作を行う

イギリス史 主な出来事

先史時代	B.C.7000～6000 頃	イギリス、大陸から分離　島国イギリスへ
	B.C.4000 頃	新石器時代　農耕・牧畜の開始
	B.C.6 世紀頃	ケルト系部族が現在のグレート・ブリテン島で定住開始
*1	B.C.55～54	古代ローマのカエサル、ブリタニア遠征 → P.24
	A.D.122	「ハドリアヌスの長城」建設開始（～132）
	5～7 世紀	アングロ・サクソン諸族のブリタニア侵入・征服 → P.25
	757	マーシアでオファ王が即位（～796）
*2	871	ウェセックスでアルフレッド大王が即位（～899）→ P.28
	924	アゼルスタンが全イングランドの王として即位（～939）
	973	エドガーがイングランド王としてバースで戴冠式を挙行
*3	1016	カヌートがイングランド王に　デーン王朝開始（～1042）
ノルマン王朝	1066・10	ウィリアム 1 世即位　ノルマン王朝開始（～1154）→ P.29
	1067	ウィリアム 1 世により反乱地域が制圧「ノルマン征服」（～1071）
	1085	『ドゥームズデイ・ブック（土地台帳）』作成（～1086）
	1087・9	ウィリアム 2 世即位　兄ロベールとの抗争始まる
	1100	ウィリアム 2 世、狩猟中に事故死　ヘンリ 1 世即位（8 月）
	1106	ヘンリ 1 世が兄ロベールとの抗争を制し、ノルマンディ公国も継承
	1135	スティーヴンが国王に即位（12 月）　内乱へ（1135～53）
プランタジネット朝	1154	ヘンリ 2 世即位（10 月）　プランタジネット王朝開始（～1399）「アンジュー帝国」形成
	1173	ヘンリ若王らが父ヘンリ 2 世に反乱（内紛の時代の始まり）
	1189	リチャード 1 世即位（7 月）　第 3 回十字軍遠征に参加（～1194）
	1192	リチャードがウィーン近郊で虜囚に（～1194）
	1199・4	ジョンが国王に即位
	1204	ノルマンディ、アンジューがフランス国王により失陥（～1205）
	1205	ジョンとローマ教皇インノケンティウス 3 世とが叙任権闘争（～1213）
	1215・6	諸侯がジョンに「マグナ・カルタ（大憲章）」提出 → P.31
	1216	ヘンリ 3 世即位（10 月）　諸侯との内乱も終息へ（～1217）
	1259・12	パリ条約でヘンリ 3 世が北部フランスに有する領土の放棄を宣言　「アンジュー帝国」消滅
	1265・1	シモン・ド・モンフォールの議会 → P.31
	1267・9	モンゴメリー協定により、サウェリン・アプ・グリフィズが「ウェールズ大公」としてヘンリ 3 世から認可
	1272・11	エドワード 1 世即位
	1282	エドワード 1 世がウェールズ遠征 サウェリン・アプ・グリフィズが戦死しウェールズ大公が空位に（～1283）
	1284	エドワード 1 世が皇太子エドワードをウェールズ大公に任命（正式な叙任は 1301 年 2 月） これ以降、イングランド（イギリス）王位継承者第 1 位の男子が「ウェールズ大公」を帯びることに
	1290	スコットランド女王マーガレットが急死、王位継承問題が浮上
	1292	エドワード 1 世の裁定により、ジョン・ベイリオルがスコットランド国王に即位（～1296）
	1295	エドワード 1 世が聖俗諸侯、州・都市代表、聖職者会議からなる「模範議会」を召集（11 月） スコットランドとフランスが「古き同盟」関係を締結へ（～1560）
	1296	イングランド・スコットランド戦争　「スクーンの石」がイングランド軍により持ち去られる （1996 年にスコットランドに返還）
	1297	ウィリアム・ウォレスがスコットランドで反乱　スターリングの戦いでイングランド軍に勝利（9 月）
	1299	エドワード 1 世がモンルイユ条約でフランス国王と講和 皇太子エドワードとフランス王女イザベルの婚約成立
	1306	ロバート・ブルースがスコットランド王位継承を宣言 エドワード 1 世がスコットランド遠征の途上で病死（1307 年 7 月）
	1307・7	エドワード 2 世即位
	1314	バノックバーンの戦いでブルースがイングランド軍を撃破、 ロバート 1 世としてスコットランド国王に即位（1328 年にイングランドも承認）
	1327	エドワード 2 世が議会で廃位　皇太子がエドワード 3 世に即位（1 月） エドワード 2 世が密かに処刑される（9 月）
	1330	エドワード 3 世が親政開始（10 月） この頃から議会が「貴族院」と「庶民院」の二院制に移行
	1337	皇太子エドワード（黒太子）がコーンウォール公爵に叙される（イングランド初の公爵位） フランス国王フィリップ 6 世がエドワード 3 世の在仏全所領の没収を宣言 ▶英仏百年戦争の開始（～1453）→ P.34,36
	1356・9	ポワティエの戦いで黒太子が勝利
	1360	ブレティニ＝カレー条約締結 エドワード 3 世がフランスの王位請求権を放棄する代わりにアキテーヌ領有が承認（10 月）

	年	出来事	
ランカスター朝	1376	エドワード3世が「善良議会」を開催（4～7月）　黒太子急死（6月）	英仏百年戦争
	1377・6	リチャード2世即位	
	1381・5～6	人頭税に反対するワット・タイラーの乱	
	1382	リチャード2世が親政開始　寵臣政治に議会が反発	
	1399	リチャード2世廃位　ランカスター公爵ヘンリがヘンリ4世に即位（9月） ランカスター王朝成立（～1471）	
	1413・3	ヘンリ5世即位	
	1415	ヘンリ5世がフランス遠征　アジンコートの戦いで大勝利（10月）	
	1420	トロワ条約締結（5月）　ヘンリのフランス王位継承権が承認され、ヘンリとフランス王女 カトリーヌの結婚が決まる　二人の間に皇太子ヘンリが誕生（1421年12月）	
	1422	ヘンリ6世即位（8月） フランス国王シャルル6世の死によりアンリ2世としてフランス王位も継承（10月）	
	1429	シャルル7世がジャンヌ・ダルクに導かれ、ランス大聖堂で戴冠（7月）	
	1431	ジャンヌ・ダルク焚刑（5月） アンリ2世（ヘンリ6世）がパリのノートルダム大聖堂で戴冠（12月）	
	1453	ボルドー陥落（10月）　イングランドが在仏所領の大半を失う ▶英仏百年戦争の終結 →P.35.36	
ヨーク朝	1454・3	ヨーク公爵リチャードが護国卿に就任	
	1455	ランカスター派とヨーク派の抗争始まる　▶バラ戦争（～1485）→P.35.36	バラ戦争
	1460	ヨーク公爵リチャードが戦死（12月）　長男エドワードが継承	
	1461	ヨーク派がロンドン制圧　ヘンリ6世を廃しエドワード4世推戴（3月） ▶第一次内乱の終結　ヨーク王朝開始（～1485）	
	1470	エドワード4世がネヴィル派によって放逐され、ブルゴーニュ公領に亡命　ヘンリ6世が復位（10月）	
	1471	エドワード4世が帰国し、ランカスター＝ネヴィル派を撃破 ▶第二次内乱の終結　ヘンリ6世処刑（5月）　エドワード4世復位（～1483）	
	1478	王弟クラレンス公爵ジョージがエドワード4世との不和で処刑（2月）	
	1483	エドワード5世即位（4月）　叔父のグロウスター公爵リチャードが護国卿に就任、 エドワード5世廃位、リチャード3世即位（6月）	
	1485	ボズワースの戦いでリッチモンド伯爵ヘンリがリチャード3世軍に勝利、リチャード3世戦死 ヘンリ7世が国王に即位（8月）▶テューダー王朝開始（～1603）	
テューダー朝	1486・1	ヘンリ7世とヨーク家のエリザベスが結婚	
	1491	パーキン・ウォーベックの反乱（～1499）	
	1501	皇太子アーサーとスペイン王女キャサリン結婚（11月） 5カ月後にアーサーが急死、長弟ヘンリとキャサリンとの結婚が教皇庁から承認	
	1509	ヘンリ8世即位（4月）　キャサリンと結婚（6月）→P.38	
	1517	マルティン・ルターの宗教改革始まる（10月） ヘンリ8世はルター派を封じ込めるロンドン条約を王侯らと締結（1518年10月）	
	1527	ヘンリ8世がキャサリンとの離婚を教皇庁に申請（5月）、 神聖ローマ皇帝カール5世（キャサリンの甥）により阻止	
	1529	ヘンリ8世が宗教改革議会を開催（～1536）	
	1533	ヘンリ8世がアン・ブーリンと極秘結婚（1月）　上訴禁止法制定（3月） キャサリンとの離婚成立（4月）　アンとの間にエリザベス誕生（9月）	
	1534・11	国王至上法制定：イングランド国教会が成立	
	1536	アン処刑（5月）　ヘンリ8世がジェーン・シーモアと結婚 小修道院の解散　北部でカトリック教徒による反乱（「恩寵の巡礼」10月）	
	1537・10	ヘンリ8世とジェーンとの間にエドワード誕生	
	1541	ヘンリ8世が「アイルランド国王」の称号帯びる	
	1544	ヘンリ8世がスコットランド侵攻（遠征は失敗へ）	
	1547	エドワード6世即位（1月）　伯父のサマセット公爵が護国卿に就任　スコットランドに侵攻し、 ピンキーの戦いで勝利（9月）	
	1549	フランス＝スコットランド連合の前に敗北、西部の反乱（6月）　サマセット公爵失脚（10月）、 ウォーリック伯爵（1551年よりノーサンバランド公爵）が実権掌握	
	1553	エドワード6世死去　ノーサンバランド公爵によりジェーン・グレイが推戴されるが敗北（9日間の女王） メアリ1世即位（7月）	
	1554	メアリ1世がスペイン皇太子フェリーペと結婚（7月）　イングランド国教会を廃し、カトリック復活へ	
	1556	フェリーペがスペイン国王フェリーペ2世に：スペイン＝フランス戦争が勃発し、 メアリ1世も対仏宣戦布告（1557年6月）	
	1558	カレー喪失（大陸の土地を完全に失う：1月）　メアリ1世死去、エリザベス1世即位（11月）	
	1559	国王至上法と礼拝統一法を議会を通過（4月）：イングランド国教会復活 →P.39	
	1561	スコットランド女王メアリ（ステュアート）がフランスより帰国	
	1567	スコットランド女王メアリが貴族らと衝突し廃位（7月）、ジェームズ6世が即位（～1625） メアリは翌68年イングランドに亡命	
	1569	カトリック貴族らにより北部反乱開始（10月） 反乱は翌70年2月に鎮圧され、直後にエリザベス1世は教皇庁により破門を宣告	

	年	出来事
テューダー朝	1587	メアリ・ステュアート処刑（2月） フランシス・ドレイクがカディスを襲撃（4月）
	1588	スペイン無敵艦隊が襲来（7月：アルマダの戦い）：イングランド軍勝利 → P.40
	1600	イングランド東インド会社設立（～1858）
	1601	救貧法制定
	1603	エリザベス1世死去（3月）：テューダー王朝断絶 スコットランド国王ジェームズ6世がイングランド国王ジェームズ1世に即位（同君連合） ▶ステュアート王朝開始（～1714）→ P.41
	1604	ハンプトン・コート会議（1月）：イングランド国教会とスコットランド教会が それぞれの主流派として正式に承認（カトリックへの抑圧続く）
	1605・11	火薬陰謀事件
	1610・11	「大契約」が議会の承認獲得に失敗
ステュアート朝	1625	チャールズ1世即位（3月）　フランス王女アンリエッタ・マリアと結婚（5月）
	1628	「権利の請願」裁可（3月）　国王の側近バッキンガム公爵暗殺（8月）→ P.42
	1640	チャールズ1世が議会召集（4～5月：短期議会） スコットランドとの戦争が終結（9月）チャールズ1世が議会召集（11月：長期議会）
	1642	五議員逮捕事件（1月）　国王軍と議会軍の内乱（清教徒革命）勃発（～1649）
	1645	オリヴァー・クロムウェルにより議会軍側がニューモデル軍編成（2月） ネーズビーの戦いで議会軍が圧勝（6月）→ P.44
	1648	国王軍が完全に敗北（8月）　「プライドの追放（パージ）」（12月）
	1649	チャールズ1世処刑（1月）　王政と貴族院が廃止（3月）
	1650	クロムウェル軍がスコットランド遠征（8月～1651年9月）
	1651	オランダによる中継貿易を禁じた航海法が制定（10月）
	1652	第一次イングランド・オランダ戦争（～1654）
	1653	クロムウェルが長期議会を解散（4月）　「統治章典」が採択され、 クロムウェルが護国卿に就任（12月）：護国卿体制の開始（～1659）
	1657	議会が「謙虚なる請願と勧告」を提出し、クロムウェルに王位を提示（3月） クロムウェルは国王即位を固辞（5月）　二度目の護国卿就任式を挙行（6月）
	1658	クロムウェル死去（9月）　リチャード・クロムウェルが継承
	1659・5	リチャード・クロムウェルが護国卿辞任
	1660	長期議会が復活し、チャールズ1世の遺児による君主政を支持 ブレダ宣言・仮議会召集（4月）　チャールズ2世即位（5月）：王政復古 → P.43
	1661	チャールズ2世戴冠式（4月）　騎士議会開会（5月）
	1665	第二次イングランド・オランダ戦争（～1667）　ロンドンでペスト流行
	1666	ロンドン大火（9月）
	1670	ドーヴァー密約（5月）：対オランダ戦争などめぐり英仏君主間に密約
	1672	チャールズ2世が「信仰自由宣言」公布　第三次イングランド・オランダ戦争（～1674）
	1673	審査法制定（3月）：ヨーク公爵ジェームズが海軍総司令官職を辞任
	1677	ヨーク公爵の長女メアリとオランダ総督ウィレムが結婚（11月）
	1679	王位継承排除法案の審議が開始（5月）：これにより1680年代前半から議会内に トーリとホイッグという二つの党派が登場
	1685	ジェームズ2世即位（2月）　モンマス公の反乱（6月）
	1687～88	ジェームズ2世が二度にわたり「信仰自由宣言」公布：審査法に違反し、 重要官職をカトリック教徒で固め始める
	1688	皇太子ジェームズ誕生（6月）　イングランド主要政治家と提携した オランダ総督ウィリアムがイングランドに上陸（11月）　ジェームズ2世亡命
	1689	仮議会により「権利宣言」が提出され、ウィリアム3世・メアリ2世の共同統治が決定（2月） 「権利章典」の制定（12月）：名誉革命　この間に、ウィリアム3世の主導により、 イングランドもオランダ側につき、対仏宣戦布告（5月：九年戦争への参戦）→ P.46
	1690	ボイン川の戦いでウィリアム3世がアイルランドのカトリック住民虐殺（7月）：ジェームズ2世が イングランド奪還を断念
	1694	イングランド銀行設立（7月）　メアリ2世死去（12月）
	1697	レイスウェイク条約でルイ14世がウィリアム3世の王位承認（9月）
	1701	王位継承法制定（6月）：カトリック教徒による王位継承、 王族のカトリック教徒との結婚等が禁止される（～2013） ウィリアム3世により、ハーグ同盟結成（9月）：スペイン王位継承戦争への参戦 → P.47
	1702	アン女王即位（3月）　対フランス戦争は継続へ
	1707	イングランドとスコットランドの合邦が成立（5月）：「イギリス」へ
	1713	ユトレヒト条約（4月）：イギリスがジブラルタル、ミノルカなど領有
ハノーヴァー朝	1714	アン女王死去：ステュアート王朝終結 ハノーファー選帝侯ゲオルクがジョージ1世に即位（8月）：ハノーヴァー王朝開始（～1901）
	1715	第一次ジャコバイトの反乱（9月）
	1720	南海泡沫事件 → P.47

1721	サー・ロバート・ウォルポールが第一大蔵卿に就任（4月）　南海泡沫事件を巧みに処理し、ジョージ1世から信任を得る ➡ P.50
1727	ジョージ2世即位（6月）
1739	「ジェンキンズの耳戦争」勃発（10月）　翌年のオーストリア王位継承戦争（1740～48年）に糾合され、ヨーロッパ大戦争へ
1742	ウォルポール退陣（2月）：第一大蔵卿を「首相」とする責任内閣制（議院内閣制）がイギリス政治に定着へ
1754	アメリカでフレンチ・アンド・インディアン戦争勃発（～1763）➡ P.49
1756	イギリス・プロイセン間でウェストミンスター協定締結：七年戦争（1756～63年）に発展
1759	「奇跡の年」（イギリス陸海軍が世界各地で大勝利）
1760	ジョージ3世即位（10月）
1761～62	国王と主要閣僚（ニューカッスル公爵・大ピット）間で対立激化
1764～65	北アメリカ植民地に対して「砂糖税」「印紙税」を課税．本国と植民地間の対立が深刻化：ボストン虐殺事件（1770年）、ボストン茶会事件（1773年）などに発展
1775	英米開戦（4月）：アメリカ独立戦争（～1783）
1776	13植民地が「独立宣言」を公表（7月）：その後、フランス、スペイン、オランダがアメリカ側につき、イギリス軍が各地で敗戦
1783	パリ条約でアメリカ合衆国が独立（9月）　小ピットが首相に就任（12月）
1793	第一次対仏大同盟結成（2月）：　イギリスがフランス革命戦争（～1799）に参戦
1799	第二次対仏大同盟結成（6月）　フランスでナポレオン・ボナパルトが全権掌握（11月）
1800	アイルランド合邦法が制定（3月）　ナポレオン戦争開始（～1815）
1804	小ピットが首相復帰　ナポレオン1世が皇帝に即位（5月）➡ P.52
1805	第三次対仏大同盟結成（8月）　トラファルガー海戦（10月）　アウステルリッツの戦い（12月）
1806	小ピット急死（1月）　フォックス急死（9月）：イギリス政治混迷へ
1807	イギリスが奴隷貿易の禁止を決定
1810	ジョージ3世が発病（10月）　皇太子ジョージを摂政とする法案が可決（1811年2月）
1812	パーシヴァル首相が庶民院ロビーで暗殺（5月）リヴァプール伯爵首班の長期政権形成へ（～1827）　ナポレオンのロシア遠征失敗（6～12月）
1814	ナポレオン戦争がいったん終結（4月）　ロンドンで連合国の大祝賀会開催（6月）ウィーン会議開幕（11月～1815年6月）
1815	ナポレオンの「百日天下」（3～6月）：ワーテルローの戦いで終息（6月）　穀物法制定（3月）
1820	ジョージ4世即位（1月）　キャロライン王妃との離婚騒動（～1821）
1822	ジョージ・カニング外相、ロバート・ピール内相ら改革派が登用され、「自由トーリ主義」の時代が始まる
1830	ウィリアム4世即位（6月）　マンチェスターとリヴァプール間に鉄道開通（9月）グレイ伯爵を首班とするホイッグ・旧カニング派・超トーリ連立政権成立（11月）ベルギー独立戦争を調停するロンドン会議がパーマストン外相を議長に進められる（～1832）
1832	第一次選挙法改正成立（下層中産階級の戸主に選挙権拡大）
1833	工場法制定　イギリス帝国内における奴隷制度の全面廃止
1834	改正救貧法制定　ウィリアム4世によりメルバーン首相が更迭（11月）ピールにより「タムワース選挙綱領」が発表され、トーリが「保守党」と改名（12月）
1837	ヴィクトリア女王即位（6月）
1838	「人民憲章」が発表される：チャーティスト運動の高揚
1839	ロンドンに反穀物法同盟結成
1840	清国とイギリス東インド会社の間でアヘン戦争勃発（～1842）➡ P.52ヴィクトリア女王がアルバート公と結婚（2月）：4男5女に恵まれる
1842	ピール保守党政権により、所得税再導入、各種関税廃止、減税
1845	アイルランドでジャガイモ飢饉発生（8月）
1846	ピール保守党政権により穀物法廃止（6月）：保守党分裂 ➡ P.52
1849	航海法廃止（6月）：自由貿易の黄金時代に突入
1851	第一回ロンドン万国博覧会開催（5～10月）➡ P.53
1854	英仏がトルコ側についてクリミア戦争に参戦（3月～1856年3月）
1856	清国との間にアロー号戦争（第二次アヘン戦争）勃発（～1860）
1857	インド大叛乱発生（5月）　東インド会社は解散し、イギリスによるインド直轄支配が開始（1858年8月より）➡ P.53
1859	ホイッグ・ピール派・急進派により「自由党」結成（6月）
1867	ダービー保守党政権により第二次選挙法改正成立（都市の労働者階級の戸主に選挙権拡大）カナダがイギリス帝国で初の自治領に（7月）
1868	総選挙で自由党が勝利し、ウィリアム・グラッドストンが政権獲得（総選挙の結果が直接的に政権交代につながった最初の事例：12月）
1869	アイルランド国教会廃止
1870	アイルランド土地法制定　初等教育法制定（小学校の義務教育化）
1871	大学審査法制定　労働組合法制定　陸軍売官制廃止

ハノーヴァー朝

七年戦争

ハノーヴァー朝	1872	秘密投票制度の導入（7月）	
	1875	ディズレーリ保守党政権によりスエズ運河会社株買収（11月） → P.58	
	1876	王室称号法によりヴィクトリア女王が「インド皇帝」に即位へ	
	1877	インド帝国成立（～1947） → P.58	
	1878	ロシア・トルコ戦争を調停するベルリン会議でキプロスの支配権獲得	
	1882	イギリス軍によるエジプト侵略（エジプトが事実上の保護国化）	
	1883	腐敗および違法行為防止法制定（8月）：選挙違反の取り締まり強化	
	1884	第三次選挙法改正成立（地方の労働者階級の戸主に選挙権拡大）	
	1885	議席再配分法制定：小選挙区制の本格的導入	
	1886	グラッドストン自由党政権がアイルランド自治法案が提出されるが敗北：自由党の分裂（6月）	
	1887	ヴィクトリア女王の在位50周年記念式典（第1回植民地会議も開催）	
	1893	二度目のアイルランド自治法案が庶民院を通過するも貴族院で否決（9月）	
		ケア・ハーディが独立労働党結成	
	1897	ヴィクトリア女王の在位60周年記念式典（第2回植民地会議も開催）	
	1899	第二次ボーア戦争（南アフリカ戦争）勃発（～1902）	
サックス・コーバーグ・ゴータ朝	1901	エドワード7世即位（1月）：サックス・コーバーグ・ゴータ王朝開始（～1917）	
	1902	日英同盟締結（1月） → P.60	
	1903	エドワード7世がパリ公式訪問（5月）：これを契機に英仏関係緊密化	
	1904	英仏協商締結（4月）　日露戦争勃発（～1905）	
	1906	英独建艦競争の激化（～1912）「労働党」結成（1月）	
	1907	英露協商締結（8月）	
	1909	自由党政権により「人民予算」提出されるが、貴族院で否決（11月）	
	1910	ジョージ5世即位（5月）　史上初の年内に二度の総選挙実施（1月・12月）「人民予算」成立へ	
	1911	貴族院（保守党）と庶民院（自由党）の激しい抗争の後に議会法制定（8月）：貴族院の権限が大幅縮小へ　ジョージ5世がインド皇帝戴冠式をデリーで挙行（12月）	
	1912	三度目のアイルランド自治法案が提出（1914年に成立へ）	
	1914	第一次世界大戦の勃発（7月）　イギリスの参戦（8月）→ P.61.64	
	1915	アスキス挙国一致内閣成立（5月）	第1次世界大戦
	1916	徴兵制度の導入（1月）：国家総動員体制が本格化　アスキス首相辞任　デイヴィッド・ロイド＝ジョージが政権を継承（12月）→ P.62	
	1917	ウィンザー王朝に改名（7月）　革命によりロシアが事実上の戦線離脱（3月）　アメリカが英仏側について参戦（4月）	
	1918	第四次選挙法改正成立（男子普通選挙と30歳以上の女子選挙権実現）→ P.63　第一次世界大戦の終結（11月）	
ウィンザー朝	1919	パリ講和会議　インド統治法が制定されるも、これを不服としたガンディーの不服従運動がインド全土で拡大へ（1920年～）→ P.63	
	1921	アイルランド自由国成立（12月）　ワシントン海軍軍縮会議：日英同盟消滅へ（11月～1922年2月）	
	1922	カールトンクラブで保守党議員がロイド＝ジョージとの連立解消を決定：ロイド＝ジョージ首相辞任（10月）	
	1924	ラムゼイ・マクドナルドを首班とする初の労働党単独政権樹立（1月）	
	1925	ヨーロッパにおける安全保障を規定したロカルノ条約締結（12月）→ P.66	
	1926	全国的なゼネラル・ストライキ（5月）　帝国会議により自治領と本国の地位平等が確認（11月）	
	1928	第五次選挙法改正成立（女子普通選挙も実現）	
	1929	アメリカ発の「世界恐慌」の発生（10月）→ P.66	
	1930	ロンドン海軍軍縮会議（1～4月）	
	1931	国王の調整によりマクドナルドを首班とする挙国一致内閣成立（8月）→ P.67	
	1932	ジョージ5世により帝国臣民向けの「クリスマス・メッセージ」がBBC（英国放送協会）のラジオを通じて開始（12月）	
	1936	エドワード8世即位（1月）　ウォリス・シンプソンとの「王冠を賭けた恋」により退位　ジョージ6世即位（12月）	
	1937	ネヴィル・チェンバレンが首相に就任（5月）：宥和政策が本格化	
	1938	ミュンヘン会談でドイツにズデーテン地方（チェコ）割譲が決定（9月）→ P.68	
	1939	第二次世界大戦勃発（9月）　ウィンストン・チャーチルが海相に復帰 → P.68	
	1940	「奇妙な戦争（1939年9月～40年3月）」を経て、ドイツ軍が北部・西部ヨーロッパ各国に侵攻（4～5月）　チェンバレンに代わりチャーチルが首相就任（5月）　フランスがドイツに降伏（6月）　「ブリテンの戦い」開始（7月）	第2次世界大戦
	1941	独ソ戦の開始（6月）　チャーチルとF.D.ローズヴェルトの大西洋上会談（8月）　日英米開戦（12月）	
	1942	シンガポールが日本軍により陥落（2月）　後半からは連合国（米英ソ）側が徐々に形勢逆転（北アフリカ・太平洋・ソ連で）	
	1943	カイロ会談（米英中：11月）　テヘラン会談（米英ソ：11～12月）→ P.69	
	1944	ノルマンディ上陸作戦（6月）　パリ解放（8月）	

1945	ヤルタ会談（米英ソ：2月） ドイツ降伏（5月） ポツダム会談（米英ソ：7～8月） 10年ぶりの総選挙で労働党が大勝し、チャーチルが辞任 クレメント・アトリーが 労働党単独政権を樹立（7月） 日本降伏（8月）：第二次世界大戦の終結（9月）
1946	イングランド銀行が国有化 チャーチルの「鉄のカーテン」演説（3月） 国民保険法制定（8月） 国民保健サーヴィス法制定（11月）→ P.70
1947	石炭、電信・電話国有化（1月） インドと東西パキスタン独立（8月）
1948	鉄道・電力国有化（1～4月） チャーチルの「三つの輪」演説（10月）
1951	総選挙で保守党が勝利し、チャーチル保守党政権成立（10月）→ P.71
1952	エリザベス2世即位（2月） 戴冠式は53年6月に挙行
1955	チャーチル首相退陣 サー・アンソニー・イーデンが後任に（4月）
1956	スエズ戦争（10～11月）→ P.71
1957	ハロルド・マクミランが保守党政権の首相に就任（1月）
1958	一代貴族法制定（4月）
1960	「アフリカの年」：アフリカ諸国がヨーロッパ各国から独立
1963	イギリスがEEC（欧州経済共同体）加盟に失敗（1月） 貴族法成立（7月） マクミラン首相辞任：ヒューム政権に（10月）→ P.74
1964	総選挙で労働党が勝利し、ハロルド・ウィルソンが首相に（10月）
1967	ポンド切り下げ EC（欧州共同体）加盟に失敗（11月）
1968	ウィルソン首相がスエズ以東からの英軍撤退表明（1月）→ P.74
1973	エドワード・ヒース保守党政権により、イギリスがEC加盟（1月） 石油危機（10月）
1975	ウィルソン労働党政権の下でEC残留問題に関わる国民投票（6月）
1977	イギリス政府がIMF（国際通貨基金）から借款へ（1月）
1979	総選挙で保守党が勝利し、マーガレット・サッチャー政権成立（5月）→ P.75
1982	フォークランド戦争（4～6月）：イギリスが勝利 → P.76
1984	史上最大の炭鉱ストライキ（3月～1985年3月） 労働組合法制定（7月） IRA（アイルランド共和軍）によるサッチャー暗殺未遂事件（10月）
1984～87	電信・電話・自動車・ガス・航空機など国有企業が民営化へ
1985～89	ソ連にゴルバチョフ書記長が登場し、サッチャーの仲介で米ソ首脳会談が実現 ヨーロッパにおける米ソ冷戦が終結へ
1988	サッチャーのブルージュ演説（9月）：EC統合推進を非難
1990	地方自治体税（人頭税）導入（4月） 保守党内で造反が起こり、 サッチャー退陣：ジョン・メイジャーが首相に（11月）→ P.77
1991	湾岸戦争（1～3月）：イギリスも参戦 → P.77
1992	ポンドが急落（「暗黒の水曜日」）し、ERM（為替相場メカニズム制度）からイギリスが離脱（9月） 王子らの離婚・別居、ウィンザー城火災でエリザベス2世が「今年はひどい年」と演説（12月）
1993	EC統合に向けてのマーストリヒト条約批准（7月）： イギリスは通貨統合や社会憲章を適用除外して参加へ EU（欧州連合）発足（11月）
1997	総選挙で労働党が勝利し、トニー・ブレア政権成立（5月） ダイアナ元皇太子妃がパリで 事故死（8月） スコットランド、ウェールズ議会設置が住民投票で決定（9月）→ P.78
1998	イギリス・アイルランド間で北アイルランド問題に関わる「聖金曜日の合意」成立（4月）
1999	スコットランド、ウェールズで議会選挙（5月） 貴族院で世襲貴族の議席大幅削減が決定（10月） 新生の北アイルランド議会開設（11月）
2001	アメリカで同時多発テロ（9月） アフガン戦争（10～11月）：イギリスもアメリカに全面協力へ
2002	エリザベス2世在位50周年記念式典（6月）
2003	イラク戦争（3～5月）：イギリスもアメリカに全面協力へ → P.79
2005	ロンドンで同時多発テロ（7月）→ P.79.81
2007	ブレア首相退陣 ゴードン・ブラウンが首相に（6月）
2008	アメリカ発の金融危機（リーマンショック：9月）→ P.79
2010	総選挙で保守党が勝利し、自由民主党との連立によりデイヴィッド・キャメロンが政権樹立（5月）
2012	エリザベス2世在位60周年記念式典（6月） ロンドンでオリンピックとパラリンピックが開催（7～8月）→ P.80
2014	スコットランドで「独立」をかけた住民投票が行われ、連合王国に残留する結果に（9月）
2015	総選挙で保守党が勝利し、キャメロンが単独政権樹立（5月）→ P.80
2016・6	国民投票でEU離脱決定 翌月に就任したメイ首相がEUとの離脱交渉にあたる
2018・7	一部EU法制を受け入れる穏健離脱方針を発表 反発したボリス・ジョンソン外相が辞任
2019・7	ボリス・ジョンソン首相誕生 下院総選挙で強硬離脱派の保守党が大勝（12月）
2020・1	EUから離脱 → P.80
2022	エリザベス2世在位70周年記念式典（6月）、チャールズ3世即位（9月）
2023・5	チャールズ3世戴冠式

ウィンザー朝

イギリス 🇬🇧 王の系譜

ノルマン王朝

ノルマンディ公ウィリアム1世がイングランドを征服して開いた王朝。集権的封建国家の基礎を形作った。1154年スティーヴンの死によって断絶、新王朝プランタジネット朝に代わった。

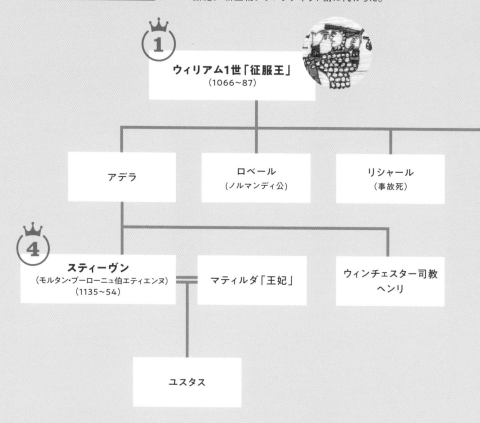

①

ウィリアム1世「征服王」
(1066〜87)

| アデラ | ロベール
(ノルマンディ公) | リシャール
(事故死) |

④

スティーヴン
(モルタン・ブーローニュ伯エティエンヌ)
(1135〜54)

マティルダ「王妃」

ウィンチェスター司教
ヘンリ

ユスタス

ヘイスティングズの戦い
(1066)。

ヘンリ1世。

ノルマン朝最後のスティーヴン王。

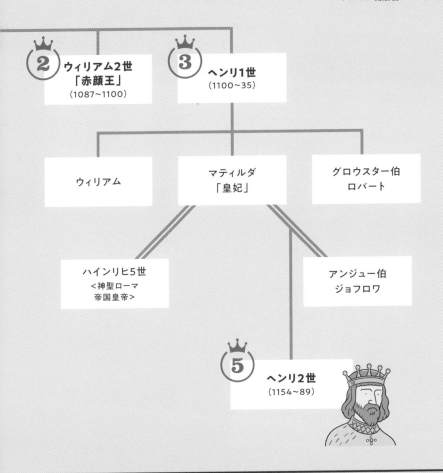

②ウィリアム2世「赤顔王」（1087~1100）

③ヘンリ1世（1100~35）

ウィリアム

マティルダ「皇妃」

グロウスター伯ロバート

ハインリヒ5世＜神聖ローマ帝国皇帝＞

アンジュー伯ジョフロワ

⑤ヘンリ2世（1154~89）

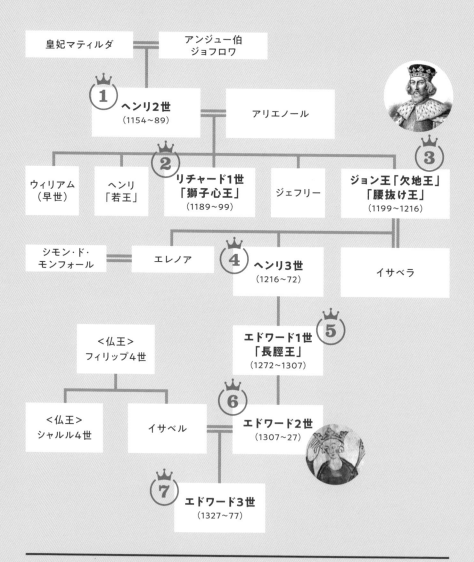

プランタジネット朝①

ヘンリ2世に始まり8代にわたるイングランド王朝。王朝名はヘンリ2世の家系アンジュー家の紋章エニシダ（planta genista）から。

皇妃マティルダ ══ アンジュー伯ジョフロワ

① **ヘンリ2世**（1154〜89）

アリエノール

ウィリアム（早世）

ヘンリ「若王」

② **リチャード1世「獅子心王」**（1189〜99）

ジェフリー

③ **ジョン王「欠地王」「腰抜け王」**（1199〜1216）

シモン・ド・モンフォール ══ エレノア

④ **ヘンリ3世**（1216〜72）

イサベラ

⑤ **エドワード1世「長脛王」**（1272〜1307）

＜仏王＞フィリップ4世

＜仏王＞シャルル4世

イサベル

⑥ **エドワード2世**（1307〜27）

⑦ **エドワード3世**（1327〜77）

プランタジネット朝②

プランタジネット朝は8代リチャード2世がランカスター家（ランカスター朝）ヘンリ4世によって廃されて断絶した。

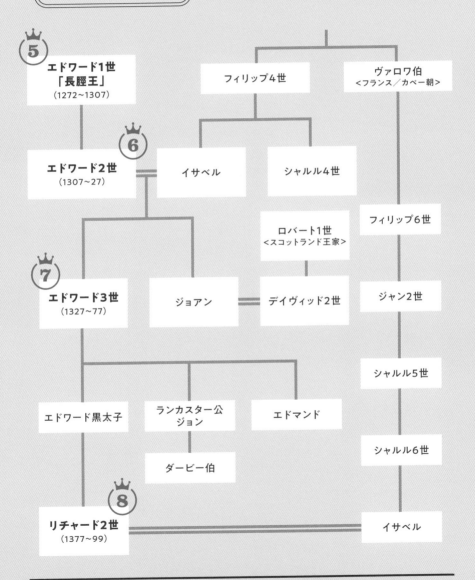

プランタジネット朝③

プランタジネット朝ののち、ランカスター家のヘンリが父のランカスター公爵を継ぎヘンリ4世として即位、以降ランカスター王朝と呼ばれる。

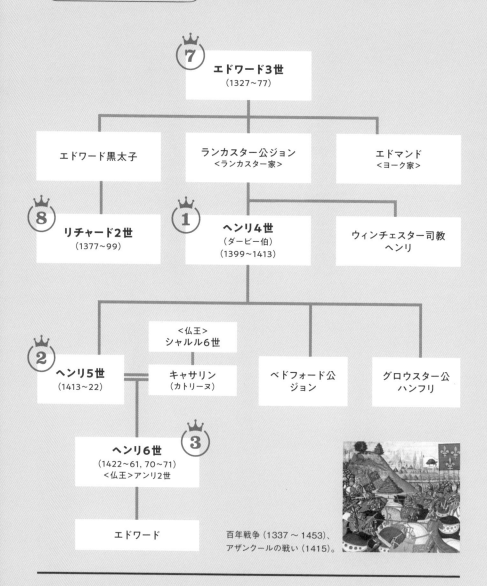

⑦ エドワード3世
（1327～77）

- エドワード黒太子
- ランカスター公ジョン
  ＜ランカスター家＞
- エドマンド
  ＜ヨーク家＞

⑧ リチャード2世
（1377～99）

① ヘンリ4世
（ダービー伯）
（1399～1413）

ウィンチェスター司教
ヘンリ

＜仏王＞
シャルル6世

② ヘンリ5世
（1413～22）

キャサリン
（カトリーヌ）

ベドフォード公
ジョン

グロウスター公
ハンフリ

③ ヘンリ6世
（1422～61, 70～71）
＜仏王＞アンリ2世

エドワード

百年戦争（1337～1453）、
アザンクールの戦い（1415）。

ランカスター家とヨーク家、テューダー朝

ランカスター家のヘンリ6世とヨーク家がバラ戦争に突入、ヨーク家のエドワードがエドワード4世として即位、以降はヨーク王朝と呼ばれる。

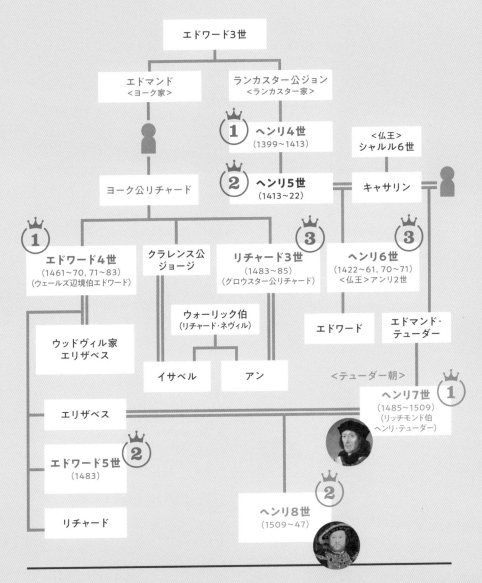

テューダー朝②

バラ戦争に勝利したランカスター家系のヘンリ7
世が始め、エリザベス1世までがテューダー朝。
ヘンリ8世の離婚問題から宗教問題に揺れた。

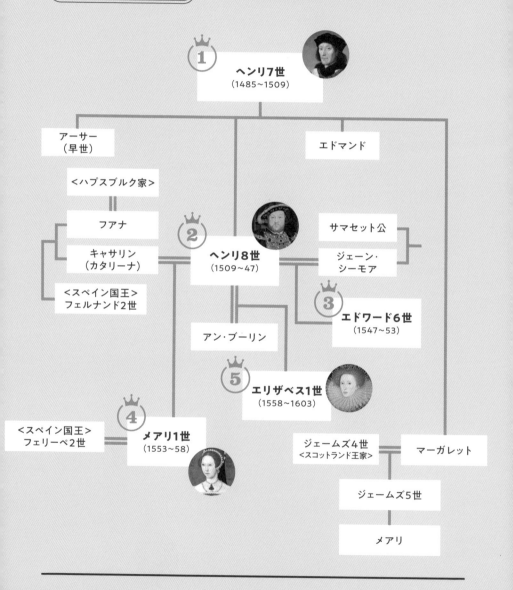

① ヘンリ7世
（1485〜1509）

アーサー
（早世）

エドマンド

＜ハプスブルク家＞

フアナ

サマセット公

② ヘンリ8世
（1509〜47）

ジェーン・
シーモア

キャサリン
（カタリーナ）

＜スペイン国王＞
フェルナンド2世

③ エドワード6世
（1547〜53）

アン・ブーリン

⑤ エリザベス1世
（1558〜1603）

＜スペイン国王＞
フェリーペ2世

④ メアリ1世
（1553〜58）

ジェームズ4世
＜スコットランド王家＞

マーガレット

ジェームズ5世

メアリ

ステュアート王朝

エリザベス1世没後、スコットランド王ジェームズ6世が血縁からイングランド王ジェームズ1世として即位、以降がステュアート王朝。

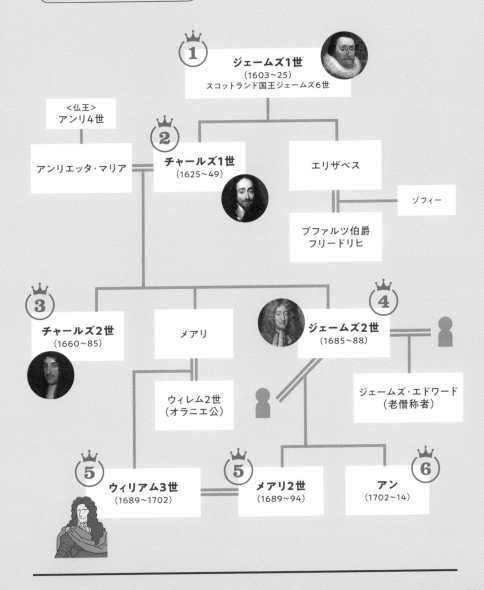

① ジェームズ1世
（1603～25）
スコットランド国王ジェームズ6世

＜仏王＞
アンリ4世

アンリエッタ・マリア

② チャールズ1世
（1625～49）

エリザベス

ゾフィー

プファルツ伯爵
フリードリヒ

③ チャールズ2世
（1660～85）

メアリ

④ ジェームズ2世
（1685～88）

ジェームズ・エドワード
（老僭称者）

ウィレム2世
（オラニエ公）

⑤ ウィリアム3世
（1689～1702）

⑤ メアリ2世
（1689～94）

⑥ アン
（1702～14）

ハノーヴァー王朝①

1701年の王位継承法によりハノーファー選帝侯ゲオルクがジョージ1世として即位、2世もイギリス政治に強い関心を示さなかった。

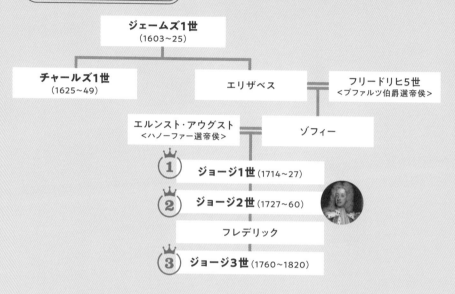

ジェームズ1世
（1603〜25）

チャールズ1世
（1625〜49）

エリザベス

フリードリヒ5世
＜プファルツ伯爵選帝侯＞

エルンスト・アウグスト
＜ハノーファー選帝侯＞

ゾフィー

① **ジョージ1世**（1714〜27）

② **ジョージ2世**（1727〜60）

フレデリック

③ **ジョージ3世**（1760〜1820）

ハノーヴァー王朝②

ジョージ3世の代までに議会に対する王権の衰弱が目立つようになった。しかしヴィクトリア女王の代、イギリス帝国は黄金時代を迎える。

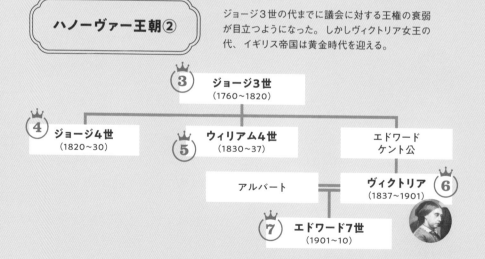

③ **ジョージ3世**
（1760〜1820）

④ **ジョージ4世**
（1820〜30）

⑤ **ウィリアム4世**
（1830〜37）

エドワード
ケント公

アルバート

ヴィクトリア ⑥
（1837〜1901）

⑦ **エドワード7世**
（1901〜10）

ハノーヴァー王朝と「いとこ」たち

ヴィクトリア女王の子や孫らの婚姻関係などから、多くのヨーロッパ王侯たちがヴィクトリア女王の子孫または名付け子となっていた。

⑥ ヴィクトリア
(1837~1901)

ヴィクトリア

マリア

アレクサンドル3世
＜ロシア皇帝＞

エドワード7世
⑦ (1901~10)

アレキサンドラ
＜デンマーク王女＞

⑧ ジョージ5世
(1910~36)

ニコライ2世

20世紀前半の英王室

ジョージ5世の死後即位したエドワード8世は、王位より不倫関係にあったアメリカ女性との恋を選び、退位した。いわゆる「王冠を賭けた恋」だ。

⑧ ジョージ5世
(1910~36)

エドワード8世 ⑨
(1936)

⑪
エリザベス2世
(1952~2022)

エディンバラ公

ジョージ6世
(1936~52)
⑩

マーガレット

現英王室

1952年にエリザベス2世が即位、2022年にはイギリス君主として最長となる在位70年を迎え、祝賀行事プラチナ・ジュビリーが行われた。現国王はその長子チャールズ3世。

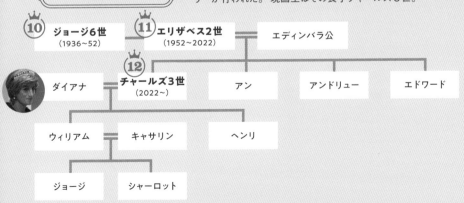

⑩ ジョージ6世
(1936~52)

⑪ エリザベス2世
(1952~2022)

エディンバラ公

ダイアナ

⑫
チャールズ3世
(2022~)

アン

アンドリュー

エドワード

ウィリアム

キャサリン

ヘンリ

ジョージ

シャーロット

🏴󠁧󠁢 参考文献、 参考サイト

和書

『詳説 世界史』 佐藤次高、 木村靖二、 岸本美緒 （山川出版社）

『詳説 世界史研究』 木村靖二、 岸本美緒、 小松久男 （山川出版社）

『世界史年表・地図』 亀井高孝、 三上次男、 林健太郎、 堀米庸三 （吉川弘文館）

『最新世界史図説タペストリー』 （帝国書院）

『物語　イギリスの歴史（上下）』 君塚直隆 （中公新書）

『ヴィクトリア女王』 君塚直隆 （中公新書）

『よくわかるイギリス近現代史』 君塚直隆編著 （ミネルヴァ書房）

『悪党たちの大英帝国』 君塚直隆 （新潮選書）

『王室外交物語』 君塚直隆 （光文社新書）

『近代イギリスの歴史』 木畑洋一、 秋田茂編著 （ミネルヴァ書房）

『明治日本とイギリス』 オリーヴ・チェックランド、 杉山忠平・玉置紀夫訳 （りぶらりあ選書／法政大学出版局）

『ロンドン歴史図鑑』 キャシー・ロス、 ジョン・クラーク著、 樺山紘一日本版解説、 大間知知子訳 （原書房）

『イギリスを知るための 65 章』 近藤久雄、 細川祐子、 阿部美春著 （明石書店）

『第二次大戦回顧録　抄』 ウィンストン・チャーチル著、 毎日新聞社編訳 （中公文庫）

『帝国主義』 レーニン著、 宇高基輔訳 （岩波文庫）

『英国の貴族』 森護 （ちくま文庫）

『イギリス貴族』 小林章夫 （講談社学術文庫）

『<英国紳士>の生態学』 新井潤美 （講談社学術文庫）

『イギリス伝説紀行　巨人、 魔女、 妖精たち』 飯田正美 （松柏社）

『シェイクスピア名言集』 小田島雄志 （岩波ジュニア新書）

『新訳　ロミオとジュリエット』 河合祥一郎訳 （角川文庫）

『対訳　バイロン詩集』 笠原順路編 （岩波文庫）　　　　　　　　　　　　　　　　　　ほか各作家の作品

『アーサー王物語』 T・ブルフィンチ著、 大久保博訳 （角川文庫）

『イギリス怪談集』 由良君美編 （河出文庫）

『日本奥地紀行』 イザベラ・バード著、 高梨健吉訳 （平凡社）

『ロッキー山脈踏破行』 イザベラ・バード著、 小野崎晶裕訳 （平凡社）

『イザベラ・バードのハワイ紀行』 イザベラ・バード著、 近藤純夫訳 （平凡社）

『中国奥地紀行』 イザベラ・バード著、 金坂清則訳 （平凡社）

『朝鮮紀行』 イザベラ・バード著、 時岡敬子訳 （講談社学術文庫）

『洒落者たちのイギリス史』 川北稔 （平凡社ライブラリー）

『西洋絵画の教科書』 田中久美子監修 （ナツメ社）

『名画で読み解く　イギリス王家 12 の物語』 中野京子 （光文社新書）

『バンクシー　アート・テロリスト』 毛利嘉孝 （光文社新書）

『一冊でわかるイギリス史』 小林照夫 （河出書房新社）

『観光コースでないロンドン』 中村久司 （高文社）

『ウイスキー完全バイブル』 土屋守監修 （ナツメ社）

『イギリス英語発音教本』 小川直樹 （研究社）　　　　　　　　　　　　　　　　　　　　　　　　ほか

洋書

『THE WORLD ALMANAC AND BOOK OF FACTS』 （World Almanac）

『The Queen's Speech』 Ingrid Seward （Simon & Schuster）

『Oxford Dictionary of Euphemisms』 4th edition （Oxford University Press）　　　　　　ほか

リサーチに使用したサイト

Perplexity.AI （https://www.perplexity.ai/）

ChatGPT （https://chat.openai.com/）

日本語で読めるサイト

外務省 （https://www.mofa.go.jp/mofaj/area/france/index.html）

内閣府 （https://www.cao.go.jp/）

財務省貿易統計 （https://www.customs.go.jp/toukei/info/）

経済産業省 （https://www.meti.go.jp/）

厚生労働省 （https://www.mhlw.go.jp/）

農林水産省 （https://www.maff.go.jp/）

e-Stat　政府統計の総合窓口 （https://www.e-stat.go.jp/）

参議院 （https://www.sangiin.go.jp/）

国連広報センター （https://www.unic.or.jp/）

ジェトロ （https://www.jetro.go.jp/）

ジャイカ （https://www.jica.go.jp/）

国立国会図書館 （https://ndl.go.jp/）
J-STAGE （https://www.jstage.jst.go.jp/browse/-char/ja/）
国立情報学研究所 （https://www.nii.ac.jp/）
裁判所 （https://www.courts.go.jp/index.html）
経団連 （https://www.keidanren.or.jp/）
国立研究開発法人　科学技術振興機構 （https://www.jst.go.jp/）
関東学院大学・研究報 （https://univ.kanto-gakuin.ac.jp/research/re7-4.html）
防衛研究所 （https://www.nids.mod.go.jp/）
日弁連 （https://www.nichibenren.or.jp/）
新国立劇場 （https://www.nntt.jac.go.jp/）
NHK （https://www3.nhk.or.jp/news/）
BBC 日本語版 （https://www.bbc.com/japanese）
REUTERS （https://jp.reuters.com/）
AFP ● BB News （https://www.afpbb.com/）
時事通信 （https://www.jiji.com/）
CNN.co.jp （https://www.cnn.co.jp/）
日経新聞 （https://www.nikkei.com/）
毎日新聞 （https://mainichi.jp/）
読売新聞 （https://www.yomiuri.co.jp/）
朝日新聞 GLOBE＋ （https://globe.asahi.com/）
ARAB NEWS JAPAN （https://www.arabnews.jp/）
新潮社フォーサイト （https://www.fsight.jp/）
一般社団法人　平和政策研究所 （https://ippjapan.org/）
ブリティッシュ・カウンシル （https://www.britishcouncil.jp/）
英国ニュースダイジェスト （https://www.news-digest.co.uk/news/index.php）
先端教育 （https://www.sentankyo.jp/）
ELLE CULTURE （https://www.elle.com/jp/culture/）
web ふらんす （https://webfrance.hakusuisha.co.jp/）
映画 .com （https://eiga.com/）
ソニー・ピクチャーズ （https://www.sonypictures.jp/）　　　　　　　　　　　　　　ほか

外国語で読めるサイト

The Royal Family （https://www.royal.uk/）
GOV.UK （https://www.gov.uk/）
NISRA （https://www.nisra.gov.uk/）
Scotland's Census （https://www.scotlandscensus.gov.uk/）
StatsWales （https://statswales.gov.wales/Catalogue）
UK Parliament （https://www.parliament.uk/）
GCHQ （https://www.gchq.gov.uk/）
Security Service MI5 （https://www.mi5.gov.uk/）
eauc （https://www.eauc.org.uk/）
The Royal Parks （https://www.royalparks.org.uk/）
ほか英国各機関・施設の公式サイト
CORE （https://core.ac.uk/）
THE WORLD BANK （https://www.worldbank.org/en/home）
UNESCO （https://whc.unesco.org/en/list/）
IMF World Economic Outlook （https://www.imf.org/en/Publications/WEO）
Britannica （https://www.britannica.com/）
The Guardian （https://www.theguardian.com/）
BBC （https://www.bbc.com/news）
The Independent （https://www.independent.co.uk/）
The Economist （https://www.economist.com/）
The Telegraph （https://www.telegraph.co.uk/）
New York Times （https://www.nytimes.com/）
NPR （https://www.npr.org/）
Foreign Policy Research Institute （https://www.fpri.org/）
CHATHAM HOUSE （https://www.chathamhouse.org/）
THE DIPLOMAT （https://thediplomat.com/）
Forbes 2022 rankings （https://www.forbes.com/）
FORTUNE Global 500 （https://fortune.com/ranking/global500/）
statista （https://www.statista.com/）　　　　　　　　　　　　　　　　　　　ほか

監修

君塚 直隆（きみづか なおたか）

1967年東京都生まれ。 立教大学文学部史学科卒業。 英国オックスフォード大学セント・アントニーズ・コレッジ留学。 上智大学大学院文学研究科史学専攻博士後期課程修了。 博士（史学）。 東京大学客員助教授、 神奈川県立外語短期大学教授などを経て、 現在、 関東学院大学国際文化学部教授。 専攻はイギリス政治外交史、 ヨーロッパ国際政治史。 主著に『立憲君主制の現在』（新潮選書、 2018年サントリー学芸賞受賞）、『イギリス二大政党制への道』（有斐閣）、『パクス・ブリタニカのイギリス外交』（有斐閣）、『女王陛下の影法師』（筑摩書房）、『ヴィクトリア女王』（中公新書）、『近代ヨーロッパ国際政治史』（有斐閣）、『チャールズ皇太子の地球環境戦略』（勁草書房）、『女王陛下のブルーリボン—英国勲章外交史』（中公文庫）、『物語 イギリスの歴史（上下）』（中公新書）、『エリザベス女王』（中公新書）、『悪党たちの大英帝国』（新潮選書）など。

スタッフ

【編集協力】志澤陽子、小原亮（株式会社アーク・コミュニケーションズ）／【本文デザイン】山内なつ子、小島明子（株式会社しろいろ）／【イラスト】FUJIKO／【執筆協力】高橋明裕、 本山光、 折原要／【校正】山口智之／【編集担当】柳沢裕子（ナツメ出版企画株式会社）

本書に関するお問い合わせは、 書名・発行日・該当ページを明記の上、 下記のいずれかの方法にてお送りください。 電話でのお問い合わせはお受けしておりません。
・ナツメ社Webサイトの問い合わせフォーム　https://www.natsume.co.jp/contact
・FAX（03-3291-1305）
・郵送（下記、 ナツメ出版企画株式会社宛て）
なお、 回答までに日にちをいただく場合があります。 正誤のお問い合わせ以外の書籍内容に関する解説・個別の相談は行っておりません。 あらかじめご了承ください。

ナツメ社Webサイト
https://www.natsume.co.jp
書籍の最新情報（正誤情報を含む）はナツメ社Webサイトをご覧ください。

伝統と文化から世界が見える！
イギリスを知る教科書

2024年 7 月 2 日　初版発行
2024年10月20日　第2刷発行

監 修 者　君塚直隆　　　　　　　　　　Kimizuka Naotaka, 2024
発 行 者　田村正隆

発 行 所　株式会社ナツメ社
　　　　　東京都千代田区神田神保町1-52　ナツメ社ビル1F（〒101-0051）
　　　　　電話　03（3291）1257（代表）　FAX　03（3291）5761
　　　　　振替　00130-1-58661
制　　作　ナツメ出版企画株式会社
　　　　　東京都千代田区神田神保町1-52　ナツメ社ビル3F（〒101-0051）
　　　　　電話　03（3295）3921（代表）
印 刷 所　ラン印刷社

ISBN978-4-8163-7569-9

Printed in Japan